영적 열매를 맺다
The Fruit

영적 열매를 맺다
The Fruit

초판 1쇄 발행 2024년 7월 25일

저　자 | 김영심
편　집 | 손애경
기　획 | 이영진 최영진
그　림 | 김혜람
인쇄처 | 신일문화사
발행인 | 전성인
발행처 | The Forest Books
등　록 | 제2022-000029 호
주　소 | 인천시 연수구 랜드마크로 19, 109 동 1305 호
전　화 | (대표) 010-5090-4792, 010-2113-4792
메　일 | eliotjeon4792@gmail.com (대표)

ISBN 979-11-984668-4-6

* 책값은 뒤표지에 있습니다.

◇ 그림 설명

 '도토리 열매'는 오래전부터 가난한 사람들의 허기를 달래는 먹거리로 사용하였습니다. (시 132:15, 41:1-4) '상수리나무'는 하나님께서 아브라함과 만나기 위한 장소로 선택하셨습니다. (창 18:1-2) 그리고 다윗에게 반역한 압살롬을 죽음에 이르게 한 것처럼, 하나님을 대적하는 자에게서 우리를 보호하는 도구로 사용하셨습니다. (삼하 18:9) 그래서 상수리나무와 도토리 열매는 하나님을 경외하는 자에게 주시는 '하나님의 큰 선물'입니다.

※ 상수리나무는 '참나무과'의 한 종류이며, '도토리'는 참나무 종류에서 열리는 열매를 뜻합니다. 그리고 참나무과의 나무 중에 '도토리'가 열리는 나무를 '도토리나무'라고도 하지만, 고유명사는 아닙니다.

일러두기
이 책에서의 중심 본문은 구어체로 구성한 본문의 특성상 '새번역 성경을 인용'하였습니다.

목 차

저자서문 7
추천의 글 11

Ⅰ. 성 령 / 레이튀르기아(Λειτουργία)
   1. 영과 진리로 예배드리는 교회 23
   2. 성령 임하는 교회 35
   3. 성령 충만한 교회 45

Ⅱ. 선 교 / 케뤼그마(Κήρυγμα)
   4. 잃은 양을 찾는 교회 57
   5. 믿고 순종하는 교회 65
   6. 하나님의 선교적 교회 77

Ⅲ. 교 육 / 파이데이아(αιδεία)
   7. 말씀을 실천하는 교회 89
   8. 아브라함을 택하신 이유 101

Ⅳ. 봉 사 / 디아코니아(Διακονία)
   9. 일하는 교회 111
   10. 열매 맺는 교회 123
   11. 인정받는 일꾼 131

저자 서문

김영심 박사

대전겨자씨교회 담임목사
미국 United Theological Seminary 겸임교수

대전겨자씨교회가 창립되고 20년 동안 말씀과 기도, 그리고 눈물로 '씨'를 뿌리고 목양을 하였습니다. 겨자씨 같았던 아주 작은 씨앗들을 하나님께서 자라게 하셨고, 꽃을 피게 하셨습니다. 이제 대전겨자씨교회가 영적으로 성숙하고, 양적으로 성장한 교회가 되었습니다. 대전겨자씨교회는 아시아, 남미를 넘어 미국, 그리고 2024년 9월 23~28일 열리는 로잔 4차 선교대회 후원에 이르기까지 선교의 열매를 맺게 하셨습니다. 그리고 특별히 리버트리스쿨을 다음세대 교육의 많은 열매를 맺게 하셨습니다. 무엇보다 성도들의 삶과 일터, 그리고 자녀들의 생활과 진로에서 하나가 되어, 풍성한 영적 "열매"들이 나타나고 있습니다. 이 모든 것이 하나님의 전적인 은혜로 된 것입니다.

이 저서는 3년 전 『중심에서 꽃이 핀다』를 출간한 후, 하나님께서 은혜를 주셔서 목회, 선교, 교육 영역에서 넘치는 "열매"를 맺게 해 주셨습니다. 대전겨자씨교회가 열매를 맺어가기 위해서 주일예배 설교 중, "성령의 임재 가운데 역사하시는 예배와 교회, 그리고 한 영혼을 사랑하여 복음전도 하기, 다음 세대를 세우며 성도들을 성숙하게 만드

는 교육과 양육, 교회와 이웃을 섬기는 봉사"라는 네 가지 테마를 중심으로 책을 엮고 제목을 "영적 열매를 맺다"로 정하게 되었습니다. 특히 우리 교회는 신학대학원과 연계하여, 차세대 신앙인 양성을 위한 교육에 중점을 두고 있습니다. 이는 "예수께서 온 갈릴리를 두루 다니시면서, 그들의 회당에서 가르치며, 하늘 나라의 복음을 선포하며, 백성 가운데서 모든 질병과 아픔을 고쳐 주셨다."(마 4:23) 하신 가르침을 그 뿌리로 하고 있습니다.

이 저서는 '살아계신 하나님의 말씀'을 담아내었습니다. 하나님의 말씀의 기갈로 영적 고갈과 갈증으로 살아가는 현대 그리스도인들과 성도들의 신앙생활 가운데, 그리고 이 책을 읽는 독자들의 삶에 역동적인 성령의 능력이 임하기를 바랍니다. 그래서 성숙한 영적 열매와 하나님의 음성을 듣고 순종하는 축복된 통로로 사용되기를 바랍니다. 또한 우리들 각자 말씀으로 생활하여 주님의 나라가 임하고 주님의 뜻이 하늘에서 이루어짐같이 땅에서도 이루어지는 능력의 삶이 영글기를 간절히 소망합니다.

이 책이 나오기까지 많은 분들의 수고와 기도가 있었습니다. 대전겨자씨교회와 담임목사의 사역을 헌신적으로 섬기는 장로님들, 그리고 아름다운 섬김과 봉사를 실천하신 안수집사님들, 권사님들과 기도로 함께해 주신 성도님들께 진심으로 감사를 드립니다. 바쁜 일정 가운데 기쁜 마음으로 추천사를 써 주신 온누리교회 이재훈 목사님, 가양감리교회 전석범 목사님, 한목연 회장이신 임채학 목사님, 전주대 김은수 교수님, 평택대 유윤종 교수님, 호서대 김동주 교수님, 성결대 구성

모 교수님께 마음을 다해 감사의 마음을 전합니다. 그리고 교정을 위해 애써주신 이영진 교수님, 최영진 집사님과 출판을 맡아 수고하신 The Forest Books와 편집을 위해 수고하신 전석재 교수님께 진심으로 감사를 드립니다.

끝으로 목회사역을 위해 저와 함께 동역하는 교역자들의 수고를 잊을 수 없습니다. 평생 동반자로 사역의 힘을 주고, 곁을 지켜주는 최현진 장로님께 감사를 드리며, 사랑하는 자녀들과 손주 모두와 함께 이 기쁨을 나누고 싶습니다.

이 모든 영광과 감사를 하나님께 올려드립니다.

2024년 6월 30일

추천의 글

이재훈 목사
온누리교회 위임목사
제4차 로잔대회 공동 조직위원장
한국로잔위원회 이사장

　김영심 목사님의 책 〈영적 열매를 맺다〉는 생명있는 신앙이 어떠한 열매를 맺는지를 잘 보여주는 책입니다. 이는 삶의 실천이 없이는 체험할 수 없는 진리를 설명하고 있기 때문입니다. 책의 중요한 내용은 성령, 선교, 교육, 봉사로 예수님께서 이 땅에서 행하신 내용을 중심으로 하고 있으며 교회가 결코 포기해서는 안되는 중요한 핵심 진리로 구성되어 있습니다. 이 네 가지 영역은 서로 긴밀히 연결되어 있습니다.

　성령으로 충만한 교회는 선교적 교회로 나아가며, 선교적 교회는 다음세대를 교육으로 세우는 일에 헌신하며, 세상 속에서 섬김과 봉사로 이끄는 교회이기 때문입니다.

　〈영적 열매를 맺다〉를 통해 나누어지는 설교들은 성도들의 마음에 성령의 음성을 듣게 하는 울림이 있습니다. 김목사님의 체험에서 나오는 진리들이기 때문입니다. 이 책을 통해 한국교회 많은 성도들이 성령의 열매를 풍성하게 맺게 되기를 기도하며 추천합니다.

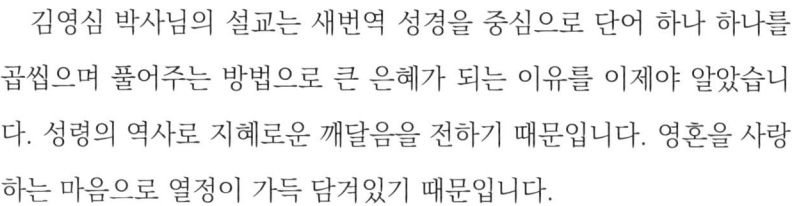

임채학 목사
한국초교파신학대학원목회자연합회 회장
대전땅끝교회 담임목사
산돌한의원 원장

김영심 박사님의 설교는 새번역 성경을 중심으로 단어 하나 하나를 곱씹으며 풀어주는 방법으로 큰 은혜가 되는 이유를 이제야 알았습니다. 성령의 역사로 지혜로운 깨달음을 전하기 때문입니다. 영혼을 사랑하는 마음으로 열정이 가득 담겨있기 때문입니다.

은혜의 설교가 좋은 밭에 심은 씨앗이 되어 아름다운 열매를 맺었습니다. 특히 복음이 온 민족에게 전해지기를 바라는 간절한 소망으로 선교의 열매가 맺혔고, 다음 세대가 믿음 안에서 자랄 수 있다는 확신이 교육의 열매로 결실하고 있습니다.

이제 시작입니다. 이 열매들이 얼마나 더 자라고 더 풍성해질지 기대하는 마음을 가득 담아 설교집 〈영적 열매를 맺다〉 발간을 축하드리며, 작은 겨자씨가 자라서 공중의 새를 품는 기적을 생생하게 맛보고 싶은 분들에게 일독을 권면합니다.

전석범 목사
대전 가양감리교회 담임목사

  탁월한 스토리텔링과 능력사역, 그리고 살아있는 간증을 통한 열매를 맺은 김영심목사님의 생생한 말씀과 메시지가 〈영적 열매를 맺다〉로 발간되어 진심으로 축하드립니다. 교회의 핵심적인 본질인 성령, 선교, 교육, 봉사를 중심으로 대전겨자씨교회를 세우고, 자라서, 꽃을 피고, 이제 열매를 맺게 되었습니다.

  대전겨자씨교회의 열매가 세상 가운데 나타나서 믿지 않는 수 많은 영혼들을 구원하고, 열방을 복음으로 변화시키는 귀한 사명을 감당하길 기대합니다. 〈영적 열매를 맺다〉의 발간으로 한국교회의 풍성한 영적 열매가 많이 맺기를 기대하며, 목회자들과 신학생, 그리고 많은 크리스천들이 읽고 도전 받은 귀한 기회가 되기를 소망합니다.

김은수 목사
전주대 명예교수
한국선교아카데미 원장
전주애린교회 목사

　김영심 목사님은 유교집안의 종갓집에서 자라나셨고, 결혼 후 시댁 역시 유교전통의 집안에서 예수님을 믿고, 그들을 구원해내려고 목사님으로 세움을 받았다는 사명감으로 살았습니다. 그 과정은 결코 쉬운 길이 아니었습니다. 김 목사님은 고난을 계기로 교회를 개척하여 그리스도 위에 바르게 세우기 위해 치열하게 기도하고 공부하였습니다. 늦게 공부를 시작했지만, 일취월장(日就月將)하는 목사님을 오해하고 방해하는 일이 많았음에도 불구하고 결코 포기하지 않았고, 저 역시 목사님의 열정을 믿고 끝까지 다듬고 가꾼 결과 전주대학교 제1호 신학박사(Ph.D)라는 영예로운 "열매"를 맺었습니다. 이런 의미에서 목사님의 설교집 제목 '영적 열매를 맺다'는 큰 뜻이 있다고 생각합니다.

　김 목사님은 아담에서부터 가정교회를 세운 것으로 보고, 대전겨자씨교회의 모든 가정을 교회로 세우려는 그의 열정이 이 설교집에 고스란히 담겨있습니다. 그리고 이것이 '하나님의 선교'라고 믿고 있습니다. 선교는 단순히 지리적인 개념만이 아니라 하나님의 통치가 모든 삶의 영역에 확장되어 간다는 선교신학을 정립했기 때문입니다.

목사님의 설교집은 4가지 주제로 나누어져 있지만, 일관되게 하나님의 선교를 실천하며 이것을 뿌리내리려는 토착화의 작업을 느낄 수 있습니다. 부디 이 설교집을 통해 각자 그리스도를 주(Kyrios)로 고백하며 각 가정이 가정교회로 세워지기를 바랍니다. 하나님의 선교에 참여하며 순종하고 따름으로써 신앙의 귀한 '열매'가 모두에게 맺어지기를 기원하며 일독하시기를 적극 추천합니다.

구성모 교수
한국로잔교수회 회장
성결대 선교학교수

　대전겨자씨교회 김영심 담임목사님의 글을 읽으면서 마음에 다가온 것이 있습니다. 하나는 김목사님께서 에녹처럼 하나님과 동행하려고 성령의 역사에 민감한 모습을 보았습니다. 다른 하나는 무엇을 하시든지 먼저 기도하시고 응답을 쫓아 순복하는 목회자였습니다. 그 결과로 대전겨자씨교회는 놀랍고 풍성한 영적 열매들이 시절마다 맺어가는 교회로 세워지고 있다고 생각합니다. 본서를 출판하는 목적도 저자는 "성숙한 열매와 하나님의 음성을 듣고 순종하는 축복된 통로로 사용되기를 소망합니다. 또한 우리들 각자 말씀으로 생활하여 주님의 나라가 임하고 주님의 뜻이 하늘에서 이루어짐같이 땅에서도 이루어지는 거룩한 상황화가 영글기를 간절히 소망합니다"라고 밝히고 있습니다. 그래서 김영심 목사님의 글은 성령을 따르는 설교요 외침입니다.
　주를 향한 사랑의 고백이요 지체들인 성도분들을 향한 사랑의 우러남입니다. 설교마다 살아서 역사하시는 하나님의 비밀이 드러내고 있습니다. 목사님의 글에는 주님의 몸된 교회를 통하여 역사하는 하나님의 경륜과 지혜를 보여줍니다. 또한 구원받은 자들에게 영적 열매가 맺어지고 있습니다. 다른 이들에게 신앙의 영광스러운 세계를 증거합니다.

저는 목사님을 만나면서 얼마나 성령께 의지하여 살려고 몸부림하시는지, 교회를 그 토대 위에 세우려고 하시는지 바르고 건강한 교회의 모습을 현현하려고 씨름하시는 모습을 보았습니다. 그리고 주님의 사역을 지속가능한 성장의 열망으로 다음 세대를 세우는 교육선교에 열기가 가득한 것도 보았습니다. 동시에 하나님께서 역사하신 기록들을 발굴하고 보존하여 후대에 역사의 비밀을 전하려는 의식있는 목회자의 모습도 보았습니다. 이와 같이 대전겨자씨교회는 선교적 영성으로 가득한 교회요, 이를 실천하는 목양을 일념으로 달려가시는 목사님입니다. 따라서 목사님을 통하여 선포되는 말씀은 미래를 준비케 하는 선포입니다. 목마름을 해갈하는 청량제입니다. 방황하는 세대에 지혜입니다. 이러한 목사님의 글은 바른 신앙으로 살아가려는 분들에게 많은 유익을 줍니다.

  일상적인 삶에서 신앙으로 열매를 맺는 삶을 추구하시는 그리스도인이라면 이 책은 가까이 할 수록 더 풍성한 열매를 출산하는 마중물이 되리라 확신하여 추천합니다.

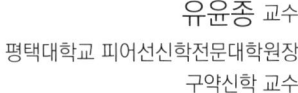
유윤종 교수
평택대학교 피어선신학전문대학원장
구약신학 교수

'목표보다는 방향이 더 중요하다'는 말이 있습니다. 한 갈래가 진리와 정의의 길이고 다른 한 갈래가 거짓과 불의의 길이라는 두 갈래 길에서, 그 방향이 잘못되면 아무리 멀리 앞서더라도 그 앞섬은 무가치합니다. 우선순위를 잘못 정하면 아무리 큰 업적을 이룰지라도 방향이 잘못되면 그 업적은 아무것도 아닙니다. 인생에서도 그러하듯, 교회의 경우도 방향의 중요성을 아무리 강조해도 지나치지 않습니다.

김영심 목사님의 말씀 농사의 두 번째 수확물인 『영적 열매를 맺다』의 출간을 축하드립니다. 첫 번째 수확물인 『중심에서 꽃이 핀다』에서 알 수 있듯이 김영심 목사님 목회관의 핵심은 '중심'에 있습니다. '성령, 선교, 교육, 봉사'라는 목회 방향의 중심에 해당하는 줄기를 굳건하게 세운 다음 꽃을 피우고 열매를 맺게 되는 과정을 보여줍니다. '성령, 선교, 교육, 봉사'는 김영심 목사님이 추구해 온 목회의 방향입니다. 그것은 올바른 교회의 방향이고, 오늘날 갈길 몰라 헤매는 한국교회가 지향할 방향이기도 합니다. 겨자씨가 큰 나무를 이루고 그 안에 수많은 생명을 품는다는 것은 천국의 비밀입니다. 겨자씨 교회가 태동한 지 20년이 지나 맺은 열매는 천국의 비밀을 어떻게 풀어나가는가를 잘 보여줍니다. 이 책 속에 그 비밀이 숨어 있습니다. 이 책을 통해 모든 독자가 그 비밀을 깨달을 수 있기를 바랍니다.

김동주 교수
호서대 연합신학대학원 원장
교회사 교수

  김영심 박사님의 아름다운 저술 '영적 열매를 맺다'가 나오게 되어 진심으로 기쁘게 생각합니다.
 '영적 열매를 맺다'는 참 믿음의 훌륭한 교과서입니다. 우리 주 그리스도 예수를 믿는 모든 신자들에게 큰 은혜를 부어줄 것입니다. '영적 열매를 맺다'는 참 진리의 탁월한 지침서입니다. 세속적인 세태에서 복음마저 혼탁해지는 모든 시대에 하나님과의 깊은 사랑으로 나아가게 할 것입니다.

 '영적 열매를 맺다'는 참 영성의 심오한 안내서입니다. 인간의 노력이 아닌 말씀의 능력으로 우리 안에 성령이 충만케 하여 승리의 생활로 이끌 것입니다. 개인적으로 참으로 존경하는 김영심 박사님의 헌신과 기도와 섬김을 생명수 같은 글들과 함께 떠올리며 읽으니 제게는 더욱 넘치는 감동입니다. 한국교회에는 이런 책들이 많이 나와야 하며 성도들은 이런 글을 늘 읽어야 할 것이며 이로써 부흥이 다시 임하리라 확신합니다. 우리 주 예수 그리스도 하나님께서 이 소중한 저서를 많이 활용해 주시기를 축복하고 기도합니다.

I
성 령

요한복음 4:20-26

20 우리 조상은 이 산에서 예배를 드렸는데, 당신들의 말은 예배드려야 할 곳이 예루살렘에 있다고 합니다."
21 예수께서 말씀하셨다. "여자여, 내 말을 믿어라. 너희가 아버지께, 이 산에서 예배를 드려야 한다거나, 예루살렘에서 예배를 드려야 한다거나, 하지 않을 때가 올 것이다.
22 너희는 너희가 알지 못하는 것을 예배하고, 우리는 우리가 아는 분을 예배한다. 구원은 유대 사람들에게서 나기 때문이다.
23 참되게 예배를 드리는 사람들이 영과 진리로 아버지께 예배를 드릴 때가 온다. 지금이 바로 그때이다. 아버지께서는 이렇게 예배를 드리는 사람들을 찾으신다.
24 하나님은 영이시다. 그러므로 하나님께 예배를 드리는 사람은 영과 진리로 예배를 드려야 한다."
25 여자가 예수께 말했다. "나는 그리스도라고 하는 메시아가 오실 것을 압니다. 그가 오시면, 우리에게 모든 것을 알려 주실 것입니다."
26 예수께서 말씀하셨다. "너에게 말하고 있는 내가 그다."

로마서 12:1-2

1 형제자매 여러분, 그러므로 나는 하나님의 자비하심을 힘입어 여러분에게 권합니다. 여러분의 몸을 하나님께서 기뻐하실 거룩한 산 제물로 드리십시오. 이것이 여러분이 드릴 합당한 예배입니다.
2 여러분은 이 시대의 풍조를 본받지 말고, 마음을 새롭게 함으로 변화를 받아서, 하나님의 선하시고 기뻐하시고 완전하신 뜻이 무엇인지를 분별하도록 하십시오.

1. 영과 진리로 예배드리는 교회 | (요 4:20-26; 롬 12:1-2)

　영과 진리로 예배를 드리는 교회는 그리스도가 함께하는 교회, 주님을 우리 마음속에 받아들여 성령께서 함께하는 교회입니다.
　구약 때 제사가 오늘날 예배입니다. 구약 시대엔 죄를 속하기 위해 소나 양이 대신 죽었습니다. 반드시 하나님께 드리는 희생제물이 있어야 했습니다. 속죄제는 도덕적 허물뿐만 아니라 해산이나 나병과 같은 부정을 정결하게 하는 제사입니다. 또 절기와 제사장들의 위임식 때도 속죄제는 드려집니다. 그렇기에 속죄제는 죄의 전염성을 제거하고 한편으로는 죄를 희생제물에 전가하는 두 가지 측면이 있습니다. 그래서 죄를 전가할 때는 제물을 드리는 자나 제사장이 희생제물의 머리 위에 손을 얹는 방식으로 안수합니다.
　특히 매년 7월 10일은 속죄일로 지켜서 온 백성들을 위한 속죄제가 드려집니다. 레위기서 23장 26절 이후에 보면 주님께서 모세에게 말씀하시는 것을 볼 수가 있습니다. 일곱째 달 열흘날을 속죄제를 드리는 날로 정하셨습니다. 그리고 "너희는 이날에, 거룩한 모임을 열고 고행하며, 주에게 화제를 제물로 바쳐야 한다. 이날은 속죄일 곧 주 너희의 하나님 앞에서 속죄예식을 올리는 날이므로, 이날 하루 동안은 어떤 일도 해서는 안 된다." 하셨습니다(28b). 레위기 16장을 보면, 이 속죄일에 이스라엘 백성을 위한 속죄제물 염소 두 마리 중 아사셀 염소 한 마리는 속죄를 위해 광야로 대신 고난을 겪으러 나가게 하고 다른 한 마리는 대신 죽게 됩니다. 이런 의식을 통해서 이스라엘 백성들은 죄 사함을 받았습니다. 사람을 대신해서 짐승이 죽어야 했습니다. 피를 흘림이 없이는 죄를 사함이 이루어지지 않기 때문입니다(히 9:22b).

그래서 말씀이 육신이 되어 이 땅에 오신 예수님이 우리 죄를 대신하시기 위해 친히 십자가를 지셨지 않습니까? 그 예수님의 십자가가 내 마음 안에 들어오지 않고 성령이 내 안에 들어오지 않으면 예배가 이루어지지 않습니다. 구약과 신약에서 이것을 얼마나 우리에게 강조한지를 깨달아야 합니다. 그런데 사람들은 그렇게 행하지 않고, 그냥 교회 와서 예배만 드리면 된다고 생각 합니다. 하지만 그것은 절대 그렇지가 않습니다. 구약 때는 나를 대신할 희생제물에 안수하여 내가 제물과 연합하여 하나가 됩니다. 그래서 내 죄를 제물에 전가합니다. 내가 죄로 인해 죽어야 하는데 희생제물이 대신하는 것입니다. 그 제물은 반드시 죽어야 합니다! 그래야 내 죄가 소멸됩니다. 내가 정결케 됩니다. 이것이 구약 시대의 예배입니다. 이렇게 예배를 드리면서 하나님과의 관계가 이어집니다.

신약의 예배는 예수 그리스도로 말미암아 드려지는 예배입니다. 로마서 12장 1절입니다. "형제자매 여러분, 그러므로 나는 하나님의 자비하심을 힘입어 여러분에게 권합니다. 여러분의 몸을 하나님께서 기뻐하실 거룩한 산 제물로 드리십시오. 이것이 여러분이 드릴 합당한 예배입니다." 예수님이 우리를 위해서 당신의 몸을 거룩한 산 제물로 드렸습니다. 바울은 또한 우리 몸을 하나님께서 기뻐하실 거룩한 산 제물로 드리라고 권하고 있습니다. 구약시대처럼 희생제물의 피 흘림을 통

> **우리가 하나님께 드려야 할 것은 거룩한 산 제물입니다. 그것은 하나님의 선하시고 기뻐하시는 뜻을 따라 살며 분별하는 것입니다.**

한 예배가 아니라 우리 주 예수 그리스도의 보혈을 힘입어 우리 자신을 온전히 드리라는 것입니다. 그리고 "여러분은 이 시대의 풍조를 본받지 말고, 마음을 새롭게 함으로 변화를 받아서, 하나님의 선하시고 기뻐하시고 완전하신 뜻이 무엇인지를 분별하도록 하십시오."

말씀하고 있습니다(2절).

예수님은 우리의 죄를 속량하시기 위해 대신 십자가를 지시고 죽으셨습니다. 그래서 오늘날은 형식적인 번제나 화목제가 아니라 영과 진리로 드리는 예배가 된 것입니다. 마태복음에 다음과 같은 구절이 있습니다. '낮 열두 시부터 어둠이 온 땅을 덮어서, 오후 세 시까지 계속되었다. 세 시쯤에 예수께서 큰 소리로 부르짖어 말씀하셨다. "엘리 엘리 라마 사박다니?" 그것은 "나의 하나님, 나의 하나님, 어찌하여 나를 버리셨습니까?"라는 뜻이다(마 27:45-46). 이것은 아버지 하나님을 향한 아들 예수의 절규입니다! 예수님은 십자가의 고난을 피하지 않으셨습니다. 사람들은 예수님을 조롱하고 희롱하였지만, 예수님은 아버지를 정확하게 알고 계셨기에 그 극한의 고통 가운데 자기의 절절한 마음을 호소하셨습니다. 그리고 예수님께서 다시 큰 소리로 외치시고 숨을 거두셨고, 그때 성전의 휘장이 위에서 아래로 찢어졌다고 하였습니다(50-51절). 예수님은 이렇게까지 우리를 위해 희생양이 되시어 우리의 구원을 이루셨는데 우리는 어떤 예배를 드리고 있습니까? 그리스도로 말미암아 모두 구원을 받으셨습니까? 영과 진리는 성령과 예수 그리스도께서 우리 안에 계시다는 것입니다. 참 예배는 오직 하나님의 영과 교제로 이루어져야 합니다. 여러분에게 주님이 계시다면 이 말씀이 들어가게 되고 성령이 우리를 인도해 주십니다.

> **주님이 함께하는 교회는 영적인 예배를 드리는 교회입니다.**

우리는 주님이 함께하는 교회입니다. 영과 진리로 예배를 드린다는 것은 예수님이 이 땅에 성령님을 보내시어 예배를 드리는 것을 의미합니다. 예배자가 하나님과 영적인 교제 가운데 예배를 드린다는 것은 어떤 의식이나 형식보다 중요한 것입니다. 이것이 바로 연합입니다. 예배는 마음의 무릎을 꿇고 엎드려 경배하여 내 모든 것을 드리는 것입니다. 마음을 찢어 통회하는 심령 위에 임하시는 성령 하나님의 인도하심이 없이는, 주님과의 연합이 없이는 참 예배가 이루어질 수 없습니다. 그래서 오늘날 우리가 드리는 예배가 과거의 제사보다 오히려 훨씬 어렵다고 할 수도 있습니다. 예배가 영과 진리로 드려지지 않는다면 우리의 예배는 헛될 뿐입니다. 교회에 몸만 왔다 가는 것은, 성전 뜰만 밟을 뿐입니다(사 1:11-13).

우리 마음에 시기와 질투와 분냄과 원망과 불평 같은 것을 가지고 어떻게 하나님께 예배를 드리겠습니까. 이것들은 우리 마음이 신령과 진정으로 드리는 예배가 되지 못하게 막습니다. 그래서 봉사할 때 감사가 없으면 하지 말라는 것입니다. 예물도 감사하는 마음으로 해야 합니다. 구원은 그리스도를 만난 사람만이 받습니다. 구원받은 사람은 성령이 내재합니다. 율법으로는 구원을 받지 못한다고 바울은 늘 이야기합니다. 그런데 성경은 왜 선한 일을 하라고 할까요? 봉사를 두고 이야기하자면, 성가대를 하든 주방 봉사를 하든 마당을 쓸든 교회에서 봉사하였더니 하나님께서 축복해 주시더라고 하는 말을 믿습니까? 모두 그렇게 기대하고 믿으십니다. 그런데 그런 봉사는 이단 교인들도 합니다. 열심을 가지고 이단은 포교하러 다니는 것 보십시오. 절에서도 무속인들도 다 합니다. 하지만 그것으로는 구원받지 못합니다. 그런데도 하나님은 여러분이 봉사했더니 거기에 따른 상을 주셨습니다. 그래서 여러분은 봉사에 대한 대가를 모두 받으신 겁니다. 그렇다고 봉사할 필요가 없다는 것이 아닙니다. 봉사와 하나님의 의는 달라서 자기가 자기 생각으로 몸을 살라서 봉사해도 구원과는 상관이 없다는 것입니다. 신령과 진정으로 드리는 예배와는 아무 상관이 없습니다. 하지만 그리스도가 안에 계시고 성령으로 봉사하는 사람은 연결이 됩니다.

한 가지 더 생각해 보겠습니다. 누가 자기 뺨을 때리면, '왜 때려?' 하면서 주먹을 날리는 사람이 있습니다. 한 대 맞고는 열 대를 때리는 사람도 있습니다. 성령이 안 계신 사람의 모습입니다. 제가 어렸을 때는 돼지를 먹이기 위해 보리쌀을 씻은 쌀뜨물을 여물통에 받았습니다. 그때는 집집마다 돼지 한두 마리씩은 키웠으니까요. 그 쌀뜨물에 감자나 고구마 껍데기 같은 것을 넣으면 밑으로 가라앉습니다. 그래서 돼지에게 여물을 줄 때는 반드시 저었습니다. 그래야 건더기가 떠오르기 때문입니다. 우리 죄가 그렇습니다. 휘젓듯이 건드려 보면 그 사람이 어떤 사람인지 알 수 있습니다. 그리스도가 있는 사람인지 없는 사람인지 알 수 있습니다. 그 사람이 목회자든 부모든 아이든 누구든지 그리스도가 안에 없는 사람은 열 대를 때리는 사람처럼 참지 않고 완전히 망가뜨리는 그런 성격을 가졌습니다. 그런데 성령께서 역사하는 사람 곧 신령과 진정으로 예배드리는 사람은 그런 상황에서 화가 났다가도 기도합니다. '하나님 왜 이런 일이 생길까요? 하나님 제가 뭘 잘못해서 이런 일이 생겼는지 가르쳐 주세요.' 그러면서 참습니다. 예수님도 "엘리 엘리 라마 사박다니, 주님 어찌하여 나를 버리셨나이까." 외치심은 이런 기도입니다. 여러분 세상에는 예수님을 안 믿어도 이웃과 나누는 사람들이 많습니다. 봉사도 이단들이 얼마나 봉사에 열정이 있는지 아십니까? 불교도 유교도 마찬가집니다. 하지만 그들은 구원에 이르지 못합니다. 구원의 유일한 길은 오직 예수뿐입니다. 오직 예수님을 통해서만 하나님의 인정 곧 의로 여기심을 받습니다. 그래서 진정한 신앙인은 하나님과의 관계에 목숨을 겁니다. 저는 여러분이 부디 신령과 진정으로 예배드리는 사람이 되길 간절히 소원합니다. 나에게 어떤 유익이 없어도 이런 마음을 갖고 일해 보시기를 바랍니다.

저는 신령과 진정으로 예배를 드리고 은혜를 받았습니다. 그리고 나타나는 것이 있었습니다. 바로 회개입니다. 저는 남의 것을 도둑질한 적도 없고 어디 가서 잘못한 것도 없고 살인죄를 저지른 것이 없습니다. 그런데 하나님의 은혜를 받고 나니 내 속에서 올라오는 게 뭐냐면 미워했던 것 회개시키시고, 성적인 생각 들어갔던 것 회개시키시고, 저의 모든 것을 회개시키시는 것이었습니다. 그런데 그것이 내가 알던 윤리와 도덕이 아니었습니다. 마태복음 5장 28절에는 예수님께서 "여자를 보고 음욕을 품는 사람은 이미 마음으로 그 여자를 범하였다."하신 것처럼, 미움은 곧 살인이고, 남의 것을 마음에 품는 것도 도둑이라는 뜻입니다. 그것은 세속적인 윤리와 도덕으로 구원받을 수 있는 게 아니었습니다. 우리는 그렇습니다. 내가 저 사람보다 조금 더 낫다고 여깁니다. 그런데 은혜를 받고 나니까 다른 사람 모두가 나보다 더 나았습니다. 남들이 명품 옷을 입고 부자여서 또는 공부를 많이 해서가 아니고, 제가 정말 죄인이라는 것을 깨닫는 은혜를 주셨습니다. 그래서 나를 내려놓게 하셨습니다. 그런 것이 이전의 저와는 많이 어긋났습니다. 어긋날 수밖에 없었습니다. 왜냐면 삶의 가치관이 달라지고 생각하는 가치관이 변했기 때문입니다. 그때부터 저는 세속적인 욕망이 아니라 '이 사람을 어떻게 해서 구원을 시킬까?'가 전부가 되었습니다.

그래서 20년 동안 목회를 하면서 한 사람을 앉혀놓고 십자가를 알게 하려고 몇 시간씩 상담하곤 했습니다. 아무리 해도 심령 속에 말씀이 들어가지 않던 사람도 결국에는 조금씩 조금씩 마음이 열리기 시작합니다. 그만큼 영성에 대해서 깨닫는다는 것은 정말 어렵습니다. 설교할 때 마음으로 깨닫고 회개가 있는 분들은 가망성이 있습니다. '내가 이랬구나. 나도 그렇게 살았구나.' 자기의 본모습을 보게 되어 사람이 달라집니다. 여러분 어떤 사람이 자기에게 해를 끼쳤다고, 그 사람이 밉다고 해서 아무나 칼로 다치게 하여도 되나요? 그런 생각이 들어왔다고 해서 그같이 행동으로 옮기는 것은 정말 악한 사람입니다. 화가 날 수 있습니다. 2~3일 동안 화가 부글부글 끓을 수도 있습니다. 그런데 주님을 안에 모시게 되면 절제 능력이 생겨납니다. 잠도 안 자고 기도합니다. 말씀을 듣고 묵상합니다.

이런 사람이 신령과 진정으로 예배를 드리는 사람입니다. 혼자 고민하기보다는 그냥 교회로 나와서 기도합니다. 이런 사람은 새벽예배도 수요예배도 금요철야기도회도 열심히 나옵니다. 그렇지 않은 사람은 남의 집에 드나들고 쓸데없이 이 사람 저 사람 얘기를 많이 합니다. 쓸데없이 전화도 많이 합니다. 적어도 교회 얘기는 쓸데없이 해서는 안 됩니다. 그런 사람은 왜 그렇게 말이 많을까요? 그런 사람은 교회에 나와서 기도해도 계속 '달라 달라'(잠 30:15) 하거나 원망하고 신세타령만 하는 잘못된 기도를 합니다. 주님과 교제가 없다는 겁니다. 과연 여러분은 신령과 진정으로 예배를 드리고 있습니까? 예수님께서 십자가를 지신 것이 나와는 아무 상관이 없다고 생각하고 있는지 여러분 자신을 놓고 깊이 생각해 보셔야 합니다. 예수님이 우리 안에 계시면 틀림없이 성령이 계십니다. 그래서 "참되게 예배를 드리는 사람들이 영과 진리로 아버지께 예배를 드릴 때가 온다. 지금이 바로 그 때이다. 아버지께서는 이렇게 예배를 드리는 사람들을 찾으신다. 하나님은 영이시다. 그러므로 하나님께 예배를 드리는 사람은 영과 진리로 예배를 드려야 한다."고 강하게 명령하십니다(요 4:23-24).

요한복음 3장 5절입니다. 예수께서 대답하셨다. "내가 진정으로 진정으로 너에게 말한다. 누구든지 물과 성령으로 나지 아니하면, 하나님 나라에 들어갈 수 없다." 물과 성령으로 세례를 받는 사람, 성령의 임재가 있는 사람으로 거듭나지 않으면 하나님의 나라에 결코 들어가지 못한다는 것입니다. 예수 그리스도의 십자가로 나지 않는 사람은 소용이 없다는 것입니다. 이어서 예수께서 말씀하십니다. "육에서 난 것은 육이요, 영에서 난 것은 영이다. 너희가 다시 태어나야 한다고 내가 말한 것을, 너는 이상히 여기지 말아라"(6-7절). 육에서 난 사람은 회개도 성령의 임재도 모릅니다. 그리스도의 십자가, 고난의 십자가가 우리에게 얼마나 중요한지 모릅니다. 그래서 육에서 난 사람은 위로부터 오는 성령의 임재가 없다는 것입니다. 니 고데모 이야기에서 아주 중요한 것입니다. 육에서 난 것이란 자기 욕망에 사로잡혀, 자기가 최고여야 하고 그래서 학문도 권력도 자녀까지도 소유하려는 것입니다. 육에서 난 사람은 봉사해도 원

> **하나님과 교제하는 사람은 성령으로 난 사람입니다.
> 성령의 임재와 경험은 하나님을 깊이 체험하게 합니다**

하는 목적이 있고, 헌금해도 욕심이 가득해서 계산까지 하는 온갖 잡동사니가 마음에 가득합니다. 이런 사람의 예배가 하나님께 열납되겠습니까? 성령으로 난 사람은 마음에 그리스도와 성령이 임하셔서 하나님과의 교제가 이루어집니다. 때로는 우리가 어떤 모양의 마음을 가졌는지 하나님이 시험을 하십니다. 우리는 그 시험을 받지 않으려고 피하여 도망가기도 합니다. 그래서 하나님은 가끔 가지치기하시는데 저도 그럴 때마다 너무 힘듭니다.

"너희가 다시 태어나야 한다고 내가 말한 것을, 너는 이상히 여기지 말아라. 바람은 불고 싶은 대로 분다. 너는 그 소리는 듣지만, 어디에서 와서 어디로 가는지는 모른다. 성령으로 태어난 사람은 다 이와 같다"(7-8절). 사람들은 모릅니다. 이것은 겪어본 사람만 압니다. 말씀이 들어가는 사람만 압니다. 오늘 여러분 모두 성령으로 거듭나시기를 바랍니다.

다시 본문입니다. 우물가의 사마리아 여인은 예수께서 영과 진리로 예배를 드릴 때가 온다고 말씀하시니까 "나는 그리스도라고 하는 메시아가 오실 것을 압니다. 그가 오시면, 우리에게 모든 것을 알려 주실 것

입니다."라고 하였고, 예수께서는 "너에게 말하고 있는 내가 그다."라고 말씀하십니다(요 4:25-26). 이것은 사마리아 여인이 우물가에서 예수님께 고백한 내용에 대한 화답이기도 합니다. 그것은 여인의 여러 남편에 관한 이야기인데 예수께서 "너에게는, 남편이 다섯이나 있었고, 지금 같이 살고 있는 남자도 네 남편이 아니니, 바로 말하였다." 하시자 그 여인은 "선생님은 예언자이십니다."라고 말했습니다(18-19절). 이에 대한 확증이라 할 수 있습니다. 이렇게 주님께서는 지금도 우리와 함께 하시고 가르쳐 주시고 계십니다.

그런데 제가 좋은 일이 있겠다고 주님께 받은 말씀을 전해주면 '목사님이 점친다'고 하는 사람이 있습니다. 그러니 무슨 축복과 영성을 받겠습니까. 그 말이 진짜 무속적으로 점치는 어둠의 영에게서 온 것이라면 우리 교회가 이렇게 성장을 못 하였고 기적도 일어나지 않았을 것입니다. 사람의 지혜로 생각하지 마시길 바랍니다. 성령의 예언을 모르는 사람들의 말입니다. 그리고 분석하려고 하지도 말아야 합니다. 그것은 하나님을 의심하는 것이기 때문입니다. 순전하고 의심 없이 단순하게 받아들이는 사람이 하나님을 만날 수 있습니다. '그가 오시면, 우리에게 모든 것을 알려 주실 것'이기 때문입니다(25절). 반면 유대인들은 주님을 압니다(20-22절). 모세오경만 받아들이고 다른 구약 말씀은 버렸던 사마리아인들에 반해 유대인들은 구약 전체 곧 온전히 받아들였기 때문입니다. 특히 성령의 임재하심과 가르쳐 주심으로 하나님을 '아바 아버지'로 알게 되기 때문입니다. 바울이 열성을 다하였고, 회심하고는 목숨을 거는 것도 하나님을 알기 때문입니다. 베드로와 열한 제자도 그랬습니다. 그렇지만 가룟 유다 같은 사람도 있었습니다. 예수께서

"너에게 말하고 있는 내가 그다." 하시니 이 여인은 어떻게 했습니까? 그 여자는 물동이를 버려 두고 동네로 들어가서, 사람들에게 말하였다. "내가 한 일을 모두 알아맞히신 분이 계십니다. 와서 보십시오. 그분이 그리스도가 아닐까요?" 사람들이 동네에서 나와서, 예수께로 갔다(28-30절). 지금으로 말하자면 전도했습니다. 그냥 이루어지는 것이 아닙니다. 은혜받은 사람은 전도합니다. 확신을 갖기 때문입니다. '우리 교회가 예수님과 하나다. 성령의 임재가 있다.' 이런 확신이 있는 사람만이 전도한다는 것입니다. 물론 이루시는 분은 주님이십니다.

여러분, 우리가 드리는 예배가 신령과 진정으로 드리는 예배가 되길 소원합니다. 그리스도의 십자가를 알았으면 좋겠습니다. 이렇게 계속 기도하시기 바랍니다. '하나님, 신령과 진정으로 예배를 드릴 수 있도록 주님의 십자가를 알게 해주시고 성령의 임재가 있게 해주십시오. 이런 주님의 은혜가 제게 임하여서 깨닫고 실천으로 옮길 수 있게 해주십시오.' 주님이 십자가에서 "엘리 엘리 라마 사박다니?" 부르짖어 말씀하셨을 때 "어디 엘리아가 와서, 그를 구하여 주나 두고 보자" 하는 불신의 마음을 가진 사람들은 결국 어둠의 영과 함께 망했습니다(마 27:49). 하나님의 영으로 드리는 예배는 절대로 실패할 수 없습니다. 늘 신령과 진정으로 드리는 예배가 되도록 기도에 힘쓰시길 바랍니다.

요한복음 20:19-23

19 그 날, 곧 주간의 첫 날 저녁에, 제자들은 유대 사람들이 무서워서, 문을 모두 닫아걸고 있었다. 그 때에 예수께서 와서, 그들 가운데로 들어서셔서, "너희에게 평화가 있기를!" 하고 인사말을 하셨다.
20 이 말씀을 하시고 나서, 두 손과 옆구리를 그들에게 보여 주셨다. 제자들은 주님을 보고 기뻐하였다.
21 [예수께서] 다시 그들에게 말씀하셨다. "너희에게 평화가 있기를 빈다. 아버지께서 나를 보내신 것같이, 나도 너희를 보낸다."
22 이렇게 말씀하신 다음에, 그들에게 숨을 불어넣으시고 말씀하셨다. "성령을 받아라.
23 너희가 누구의 죄든지 용서해 주면, 그 죄가 용서될 것이요, 용서해 주지 않으면, 그대로 남아 있을 것이다."

2. 성령 임하는 교회 | (요 20:19-23)

    부활의 주님을 만나려면 성령을 받아야 됩니다. 교회는 성령이 역사하는 곳입니다. 성령이 안 계시고 예수님이 안 계시는 교회는 교회가 아닙니다. 이단 교회는 악령이 있는 곳이고, 귀신의 역사가 있는 곳인데 어떻게 교회가 되겠습니까? 그런 곳은 교회가 아닙니다. 우리가 정확히 믿어야 하는것은 성령이 계신 곳이 교회이며, 교회는 예수님의 몸이고 예수님은 그 교회의 머리라고 말씀하고 계십니다(엡 1:22-23). 우리가 바로 교회입니다.

    요한복음 20장 1절에 '주간의 첫날 이른 새벽에 막달라 사람 마리아가 무덤에 가서 보니, 무덤 어귀를 막은 돌이 이미 옮겨져 있었다.'고 말씀하고 있습니다. 주간의 첫날은 주일이니 때는 주일 새벽입니다. '그래서 그 여자는 시몬 베드로와 예수께서 사랑하시던 그 다른 제자에게 달려가서 말하였다. "누가 주님을 무덤에서 가져갔습니다. 어디에 두었는지 모르겠습니다"'(2절). 주님이 안 계신다는 것입니다. 어디에다 두었는지 시신이 없어졌다며 시신을 찾고 있었습니다. 여러분 부활은 다시 살아남입니다. 먼저 죽음을 전제로 합니다. 달리 말씀드리면 죽음 없이 부활도 없다는 것입니다. 우리의 철저한 "나" 내려놓음 곧 회개가 없이는 우리가 성령을 받지도 못합니다. 내가 죽지 않으면, 내 성격도 내 잘못된 고집도 모두 죽지 않으면 우리는 성령을 받지 못합니다.

　성령을 받는 것과 성령 충만은 다릅니다. 그래서 본문을 통해 예수님은 우리에게 '성령을 받으라'고 하십니다. 이는 '나를 꺾어라. 내 고집을 꺾고 성령을 받으라'는 뜻입니다. 그런데 많은 사람이 자기 고집을 꺾지 않으려고 합니다. 고집을 꺾지 않는다는 것은 '나'를 꺾지 않는 것입니다. 그리고 말씀을 안 들으려고 하면서 오히려 하지 말라는 것만 하려고 합니다.

　매년 우리는 부활 주일을 맞이해서 부활 주일 예배를 드리기 전에 사순절과 고난주간을 지내는데 그 고난주간에 왜 금식이나 단식 한 끼라도 하라고 합니까? 자기를 꺾어 죽이라는 것입니다. 그럼 성경은 왜 금식하고 왜 단식을 하라고 합니까? 자기를 버리고 주님을 맞이하라는 것인데 우리는 그렇게 살고 있지 않습니다. 우리는 분명하게 예수님의 십자가를 알아야 하고 그 고난의 십자가에 동참해야 하는데, 악착같이 자기가 죽지 않으려고 몸부림을 칩니다. '나'는 잘못한 게 없고 다른 누가 그랬다고 자꾸 변명을 합니다. 이런 사람은 결국 회개의 기회를 놓쳐버리는 사람인데 나중에 가룟 유다처럼 구원에 이르지 못하고 성령을 받지 못합니다. 온 우주의 재판장으로 제일 위에 계신 분이 예수님이십니다. 우리가 아무리 죄가 없다고 해도 예수님께서 너는 우편에, 너는 좌편에 하시면서 재판관으로서 '너는 천국에 이르지 못한다.' 하시면 그것으로 끝입니다. 성경에서 하지 말라는 것은 금 하고, 하라고 한 것은 해야 하는데, 우리는 하지 말라는 것을 해놓고도 아니라고 합니다. 하라고 한 것을 안 하면서 나는 죄인이 아니라고 합니다. 그런 사람들은 결단코 성령을 받지 못합니다. 성령을 받은 사람은 다릅니다.

본문 말씀입니다. '그 날, 곧 주간의 첫날 저녁에, 제자들은 유대 사람들이 무서워서, 문을 모두 닫아걸고 있었다. 그 때에 예수께서 와서, 그들 가운데로 들어서셔서, "너희에게 평화가 있기를!" 하고 인사말을 하셨다.'(19절). 성령을 받을 때 그 평안이 우리 안에 있는 성령이십니다. 죄를 짓고 평안하다는 것은 그 사람이 문제가 있다는 것입니다. 죄를 지었는데 죄인 줄 모르고 마음이 평안한 사람은 구원에 이르지 못하고 결코 성령을 받지 못한 사람입니다. 성령을 받은 사람은 죄를 지으면 절대로 평안하지 않습니다.

요한복음 14장 26절을 보면 '보혜사, 곧 아버지께서 내 이름으로 보내실 성령께서, 너희에게 모든 것을 가르쳐 주실 것이라'고 말씀하십니다. 성령님께서 가르쳐 주시는 것은 나쁜 짓을 못 하게 하시며 과거에 나쁜 짓을 했던 것도 다 잘라내십니다. 달리 말씀드리면 나쁜 짓을 하라는 것은 귀신의 역사입니다. 사탄의 역사는 모든 나쁜 짓, 성경에서 하지 말라 한 것만 합니다. 뱀에게 꼬임을 받았을 때 "너 뱀, 썩 물러가라!" 하와가 물리쳐야 했습니다. 하나님이 하지 말라고 하신 것을 한 것은 자기 마음에 욕망이 있으니까 그렇게 된 것입니다. 그렇지 않으면 결단코 거기에 넘어가지 않습니다. 분명히 자기의 욕망이 있고 이기적인 것이 있으니까 유혹에 넘어가는 것입니다. 가인은 어떠했습니까? 가인과 아벨은 형제간이었습니다. 그런데 가인은 동생 아벨과 그의 제물은 받으셨으나 자신과 그의 제물을 받지 않으셨다고 화를 막 냅니다. 그래서 "야, 가인아 너 왜 그러냐?" 하나님이 그러셨습니다. "너 화내지 마라." 화를 내면 뒤죽박죽이 됩니다. 그런데 그때 바로 범죄하지 말아라. 누가 막 죄를 짓자고 끌고 가려 할 때 안 하면 되는 것이었습니다. 그리고 "하지 마라. 화내지 마라." 하는 것은 미워하지 말라는 뜻이고 원망하지 말라는 뜻이었습니다. 그러나 결국 하나님께 아벨이 사랑받는 것이 질투가 나서 가인은 동생인 아벨을 쳐죽였습니다. 여러분 영적인 시기와 질투는 사랑해야 할 형제도 죽이게 만듭니다.

그래서 성령께서는 '나쁜 짓 하지 마라. 하지 마라.' 가르쳐주십니다. 그러면서 회개를 시키시는 것입니다. 왜 나쁜 짓을 하려고 할까요? 저한테 하나님이 가르쳐주신 것이 '인간은 하지 말라 한 것을 더 하려고 한다'는 것입니다. 이것은 속이는 일이고 귀신의 역사 악령의 역사가 아니고 무엇이겠습니까? 그런데 "교회에서 언제 그런 얘기를 했냐? 설교를 했냐? 안 가르쳐줬다."고 합니다. 못 들었다는 것입니다. 들리지가 않았다는 것입니다. 그러니까 아무리 말씀을 전해도 변화가 안 되는 것입니다. 만약 로마서 11장 8절에서 "하나님께서 그들에게는 혼미한 영을 주셨으니, 오늘까지도 그들은, 눈이 있어도 보지 못하고 귀가 있어도 듣지 못한다." 하신 것이라면, 그 사람은 성령을 못 받은 사람입니다. 우리들 가정이 잘 되셔야 합니다. 또 우리가 구원 받아야 합니다. 그리고 성령의 충만을 이루십시오! 그런데 죽어도 싫다고 합니다. 그리고 거짓 영에게 귀를 기울이고는 하지 말라 하는 것만을 하려고 합니다.

그리고 예수님께서 "나는 평화를 너희에게 남겨준다."(요 14:27a) 하는데도 평안도 싫다하고 분쟁을 일으킵니다. 그리고 자기 손으로 자기 가정을 파괴합니다. 가장 어리석은 사람이 자기 가정을 스스로 파괴하

> **성령을 받은 사람은 죄를 멀리합니다. 성령이 가득한 사람은 날마다 회개하는 사람입니다.**

는 사람입니다. "나는 내 평화를 너희에게 준다. 내가 너희에게 주는 평화는 세상이 주는 것과 같지 않다. 너희는 마음에 근심하지 말고, 두려워하지도 말아라."(27b) 두려움이 왜 들어간 줄 아십니까? 죄를 지었기 때문입니다. 그런데 죄를 짓는데도 두려움이 없다는 것은 성령을 받은 사람이 아니라는 것입니다. 저는 죽음을 각오하고 복음을 증거합니다. "죄를 멀리하세요. 구원받으세요. 성령을 받으세요. 회개하고 성령을 받으세요." 그런 나보고 나쁘다고 하면 되겠습니까? 말씀에 그대로 있는데 말입니다. 그리고 나쁜 짓을 서슴없이 합니다. 이것은 세상의 악한 것을 배우고 세상의 가치를 따라 사는 것입니다. 근심이 들어오고 두려움이 들어오는 것은 결국 악령을 받아서 그렇습니다. 성령을 받은 사람은 악한 짓을 못 합니다. 절대로 못 합니다. 교회를 파괴하지 못합니다. 왜 그러겠습니까? 예수님의 몸이기 때문입니다. 교회의 머리는 예수님이시고 몸인 교회는 예수님의 지체입니다.

다시 본문입니다. '이 말씀을 하시고 나서, 두 손과 옆구리를 그들에게 보여 주셨다. 제자들은 주님을 보고 기뻐하였다.'(20절). 옆구리에 누가 손을 넣어봤습니까? 도마입니다. 도마는 인도에서 복음을 전했다고 합니다. 예수께서 다시 그들에게 말씀하셨다. "너희에게 평화가 있기를 빈다. 아버지께서 나를 보내신 것같이, 나도 너희를 보낸다."(21절). 말씀이 육신이 되어 이 땅에 친히 오신 분이 예수님입니다. 우리의 구원을 위해 십자가를 지셨습니다. 성령 하나님은 생각나게 해주십니다.

하나님 아버지는 모든 것을 이루십니다. 그래서 아버지를 믿으라 그러신 것입니다(요 14:1). 이렇게 말씀하신 다음에, 그들에게 숨을 불어넣으시고 말씀하셨습니다. "성령을 받아라."(22절).

예수님께서 온 인류를 위해 십자가를 지셨습니다. 우리 구원의 길이 열렸습니다. 하지만 성령을 받지 않는 사람은 구원에 이르지 못합니다. 성령을 받지 않는 사람은 자기 생각이 옳다는 사람입니다. 성경에서 '나쁜 짓을 하지 말아라' 하면 하지 말아야 하는데, "내가 언제 바람 피웠어?" 아니 바람을 피웠어도 딱 끊을 줄 알아야 합니다. "언제 내가 도둑질했어요?" 한 번 남의 것 훔쳤어도 하지 말라고 말씀하신 하나님을 알았다면 교회를 나왔다면 딱 끊어야 합니다. 그런데도 "그럴 수도 있지. 이 세상에 정결하게 깨끗하게 백지장처럼 사는 사람이 있으면 나와 보라고 해. 한 사람도 없어." 하며 자기변명으로 일관합니다. 그러고는 '내 잘못은 없다. 나는 아니다.' '아휴, 그래 내가 죄인 되고 말지.' 그렇니다. 그래서 제가 너무 힘든 게 있다고 늘 얘기했습니다. 이런 사람들에게 성령을 받게 하는 게 얼마나 어려운 줄 아십니까? 그대로 내버려두면 그 사람들은 절대 성령을 못 받습니다. 구원을 받을 수가 없습니다. 왜? 그 마음에 사탄의 영 귀신이 있습니다. 악령이 있어서 "하지 말라. 하지 말라." 하는데 그 사람들은 '이래서 그렇고 저래서 그렇고' 하며 기어이 변명을 합니다. 말씀에 딱 비춰보고 "제가 잘못했습니다!" 하면 딱 끝날 것인데 안 죽으려고 몸부림을 칩니다. 죽어야 하는데, 그래야 성령을 받을 것인데 말입니다.

사도행전 1장에 보니까 예수님이 십자가 고난을 받으시고 부활하신 뒤에 예수께서 사도들과 함께 잡수실 때에 그들에게 이렇게 분부하셨습니다. "너희는 예루살렘을 떠나지 말고, 내게서 들은 아버지의 약속을 기다려라."(행 1:4). 그래서 베드로고 누구고 예루살렘을 안 떠났습니다. 그대로 순종했습니다. '"요한은 물로 세례를 주었으나 너희는 여러 날이 되지 않아서 성령으로 세례를 받을 것이다."'(5절) 그러니까 기다리라는 것입니다. 여기에 물세례는 회개를 위한 세례입니다. 여러분 부활의 신앙을 알고 성령 받은 사람은 언어가 통하고 대화가 됩니다. 그런데 도저히 대화가 안 통하고 자기 생각으로 막 얘기하는 사람은 성령 받지 못한 것입니다. 그리고 물세례를 받았어도 이미 놓치기도 합니다. 누가 그렇습니까? 우리가 잘 알고 있는 가룟 유다가 그렇습니다. 가룟 유다는 회개를 안 했고 결국은 자살했습니다. 예수님이 말씀하신 것처럼 차라리 태어나지 않았더라면 좋았을 사람이 되어 버린 것입니다(마 26:24).

8절에서 예수님은 말씀하셨습니다. "성령이 너희에게 내리시면, 너희는 능력을 받고, 예루살렘과 온 유대와 사마리아에서, 그리고 마침내 땅끝에까지 이르러 내 증인이 될 것이다." 예수님의 증인은 주를 위해서 죽는 사람입니다. 증인은 성령을 받은 사람입니다. 그런데 성령을 안 받은 사람은 아무리 얘기해도 '나 잘못한 거 없어. 나는 잘못 안 했어.' 누구 때문이라고 계속 남 탓만 합니다. '우리가 죄를 지은 일이 없다고 말하면, 우리는 하나님을 거짓말쟁이로 만드는 것이며, 하나님의 말씀이 우리 속에 있지 아니합니다.'(요일 1:10). 우리가 자기 잘못을 바로 인정을 하고 '아, 내 죄구나! 하나님이 나를 구원에 이르게 하려고 내게 죽으라고 하는구나!' 고집을 꺾어야 하는데 그렇게를 안 합니다.

('나'를 고집하고 자기변명에 자꾸 그치는 경우를 반복해서 말씀드리는데 문을 계속 두드리듯 열린 귀가 되기를 간절히 바라여 이렇게 합니다) 하지만 성령을 받은 사람은 권능이 있습니다. 그 사람의 입에서 하는 말에 힘이 실립니다. 축복의 근원이요 통로가 됩니다. 엘 샤다이(El Shaddai) 전능하신 주님이 함께하시기 때문입니다. 그래서 축복 기도도 소홀히 여겨서는 안 됩니다. 단지 입으로 듣기 좋으라고 축복하는 것이 아닙니다. 성령이 내주(內住) 역사하셔서 하시는 것입니다. 그러니 축복의 근원이요 통로가 된다는 것입니다. 그래서 저 같은 경우도 어떤 사람에게는 아무리 축복 기도를 하려고 해도 안 됩니다. 성령께서 딱 막아버립니다. 이삭이 에서에게 뭐라고 했습니까? 네 아우 야곱에게 다 축복해 주었으니 내가 너에게 무엇을 해줄 수 있겠냐고 하지 않습니까?(창 27:34-37).

본문 마지막 절입니다. 성령께서 우리 안에서 역사하시면 첫째 뭐가 있냐면 "너희가 누구의 죄든지 용서해 주면, 그 죄가 용서될 것이요, 용서해 주지 않으면, 그대로 남아 있을 것이다."(23절). 우리 안에서 죄를 용서하고 회개하고 기도를 시키는 것은 성령이시기 때문에 그렇습니다. 성령 훼방 죄는 어떤 경우도 용서를 못 받습니다. 죄 사함이 없습니다. 성령 훼방 죄는 결단코 하지 말아야 합니다. 그러는 사람들은 귀가 열리고 눈이 보이게 되어 있습니다. 어떤 경우에도 훼방은 해서는 안 됩니다. 그런데 많은 그리스도인들이 '나'를 자꾸 주인 삼아서 자기를, 자기 생각을 마음 중심에 담습니다. 그것은 우상이 됩니다. 자기를 주인 삼아 마

> **모든 죄는 용서를 받지만 성령을 훼방하는 죄는 용서를 받지 못합니다.**

음에 품는 것은 십계명에서 말씀하시는 우상을 섬기는 것입니다.

 십계명에 어떤 형상도 만들지 말라고 했는데, 그 형상을 마음에 담는 것도 우상입니다. 그런 사람은 결단코 회개의 영이 임하지 않아 회개도 하기가 어렵습니다. 우리의 주님은 삼위일체 하나님, 오직 예수입니다!! 예수님만 바라봐야 됩니다. 교회에서는 이걸 가르치는 것입니다. 여러분, '의인은 없나니 한 사람도 없습니다.'(롬 3:10). 모두가 죄인입니다. 과거의 나로부터 어떤 사람도 의인은 없습니다. 과거에 어떻든 말씀을 듣고 회개하고 그리고 하나씩 하나씩 지은 죄를 없애려고 노력을 해야 합니다. 영혼이 잘 되어야 범사가 잘 되고 강건하게 됩니다(요삼 1:2). 이것이 축복 기도의 원리며 순서입니다. 우리 성도들에게 하나님이 주시는 믿음과 소망, 그리고 은사가 가득하길 소망합니다.

에베소서 5:15-20

15 그러므로 여러분은 어떻게 살아가야 할지를 살피십시오. 지혜롭지 못한 사람처럼 살지 말고, 지혜로운 사람답게 살아야 합니다.
16 세월을 아끼십시오. 때가 악합니다.
17 그러므로 어리석은 자가 되지 말고, 주님의 뜻이 무엇인지를 깨달으십시오.
18 술에 취하지 마십시오. 거기에는 방탕이 따릅니다. 성령의 충만함을 받으십시오.
19 시와 찬미와 신령한 노래로 서로 화답하며, 여러분의 가슴으로 주님께 노래하며, 찬송하십시오.
20 모든 일에 언제나 우리 주 예수 그리스도의 이름으로 하나님 아버지께 감사를 드리십시오.

베드로전서 5:8-11

8 정신을 차리고, 깨어 있으십시오. 여러분의 원수 악마가, 우는 사자 같이 삼킬 자를 찾아 두루 다닙니다.
9 믿음에 굳게 서서, 악마를 맞서 싸우십시오. 여러분도 아는 대로, 세상에 있는 여러분의 형제자매들도 다 같은 고난을 겪고 있습니다.
10 모든 은혜를 주시는 하나님, 곧 그리스도 안에서 여러분을 자기의 영원한 영광에 불러들이신 분께서, 잠시 동안 고난을 받은 여러분을 친히 온전하게 하시고, 굳게 세워 주시고, 강하게 하시고, 기초를 튼튼하게 하여 주실 것입니다.
11 권세가 영원히 하나님께 있기를 빕니다.

3. 성령 충만한 교회 | (엡 5:15-20, 벧전 5:8-11)

성령 충만함은 성령을 받은 것과는 다릅니다. 지속적인 성령의 역사는 성령 충만에서 비롯됩니다. 성령 충만함이란 땔감인 장작이 있어 불이 활활 타는 것과 같습니다. 하나님은 모세에게 "너는 이스라엘 자손에게 명하여, 올리브를 찧어서 짜낸 깨끗한 기름을 가져다가 등불을 켜게 하되, 그 등불은 늘 켜 두어라. 아론과 그 아들들은 그것을 회막 안의 증거궤 앞에 쳐놓은 휘장 밖에 켜 두어서, 저녁부터 아침까지 주 앞에서 꺼지지 않도록 보살펴야 한다. 이것은 이스라엘 자손이 대대로 길이 지켜야 할 규례이다."(출 27:20-21). 그래서 성전에는 밤에 항상 불이 켜져 있습니다.

주님은 바울을 통하여 '성령을 소멸하지 말라'(살전 5:19)고 했습니다. 우리의 영성에도 소멸성이 있습니다. 성령 충만해서 불이 계속 붙어 있고 타고 있으면 꺼지지 않습니다. 달리 말씀드리면 어저께 병 고쳤다고 오늘 또 고쳐지는 것은 아니라는 것입니다. 그러한 놀라운 역사는 믿음의 역사요 믿음에서 비롯됩니다. 그래서 믿음의 확신을 갖고 성령의 충만함이 있어야 된다는 것입니다. 이 성령 충만함을 유지하고 보존하려면 늘 깨어 있어야 합니다. 늘 깨어 있다는 것은 잠을 자지 말라는 것이 아닙니다. 기도를 계속해야 한다는 것입니다. 이 성령 충만함을 유지하기 위해서 여러분 얼마나 힘이 드는 줄 아세요? 교회에서 왜 쓸데없이 철야를 하고 성경을 항상 읽느냐고 하는 사람들도 있습니다. 성경을 한 번 읽었으면 됐지 왜 계속 읽느냐는 것입니다. 여러분 성경을 읽는다는 것이 그냥 읽는 것이 아닙니다. 성경은 살아 계신 하나님의 말씀입니다. 마음을 다해 묵상하지 못한다면 기적과 변화가 일어나지 않습니다. 또한 반드시 행함으로 이어져야 합니다. 말씀으로 사는 삶을 유지하기 위해서 늘 깨어 있으라는 것입니다. 기도하며 말씀을 마음에 새기며 실천하는 것이 바로 늘 깨어 있는 것입니다. 그래서 하나님은 베드로를 통하여 '정신을 차리고, 깨어 있으십시오. 여러분의 원수 악마가, 우는 사자같이 삼킬 자를 찾아 두루 다닙니다'(벧전 5:8) 말씀하고 계십니다. 우리가 깨어 있지 못하면 삼킬 자를 찾는 악령이 우리에게 다가와 우리를 잠식합니다. '나'를 부추겨 주인 삼게 만듭니다.

본문 전에 있는 에베소서 5장 1절입니다. '그러므로 여러분은 사랑을 받는 자녀답게, 하나님을 본받는 사람이 되십시오.' 하나님을 닮기 위해서 최선을 다해서 내 영혼을 지켜야 합니다. 그 근거이자 전제가 되는 것이 '사랑을 받는 자녀답게'입니다. 사랑을 받는 자녀, 누구의 자녀입니까? 하나님의 자녀입니다. 하나님의 자녀는 하나님의 사랑을 받습니다. 이 사랑이 없으면 학문도 필요 없고 권력도 필요 없고 돈도 필요가 없습니다. 이러한 것들은 다 부수적인 것입니다. 우리가 우리 영혼을 지키는 데 반드시 있어야 할 것은 바로 하나님의 사랑이라는 것입니다. 그래서 하나님의 사랑을 받는 자녀가 되도록 제가 우리 교회 교인들에게 늘 얘기하고 꾸짖는 것이 왜 그렇게 안 깨어 있느냐, 깨어 있으라는 것입니다. 조그마한 불씨라도 있으면 깨워 살리기가 쉽습니다.

과거의 죄를 얘기해 주면 '아, 그랬지!' 하고 회개를 합니다. 그런데 불씨가 없으면 과거의 어떤 죄도 깨닫지를 못합니다. 참으로 회개케 하심처럼 큰 하나님의 사랑이 있을까요? '하나님께서 구하시는 제사는 상한 심령이라 하나님이여 상하고 통회하는 마음을 주께서 멸시하지 아니하시리이다'(시 51:17, 개역개정). 다윗도 이와 같은 마음을 찢는 회개가 있고 나서 굉장한 축복을 받았습니다. 성경에는 이렇게 늘 회개와 더불어 사랑을 추구합니다. 사랑이 없는 데는 회개도 없습니다. 사랑이 없는데 무슨 회개를 하겠습니까. 하나님의 사랑이 없는데 그런 사람이 어떻게 하나님의 자녀가 되겠습니까!

> **그리스도인은 어떻게 살아가야 하나요?
> 지혜로운 말을 하며 세월을 아끼고 성령의 충만함을 받고 살아야 합니다.**

'그리스도께서 여러분을 사랑하셔서, 우리를 위하여 하나님 앞에 향기로운 예물과 제물로 자기 몸을 내어주신 것과 같이, 여러분도 사랑으로 살아가십시오'(엡 5:2). 그리스도의 사랑으로 예수님이 향기와 제물이 되어 주셨습니다. 그래서 우리는 회개만 하면 됩니다. 회개만 하면 주님의 사랑이 우리 안에 이루어지고 서로 사랑하게 됩니다. 그런데 아이들도 사랑을 모르고 그렇습니다. 학교에서 '너희들 이거 잘못했어!' 그러면 선생님을 미워하듯이 교회에서도 회개를 하라고 설교하면 목회자를 싫어합니다. 그래서 미움으로 인해서 성령의 충만함을 받지도 못합니다. 불씨가 없으면 아무리 불을 붙여주고 싶어도 결과적으로 불씨가 하나도 없으니까 죄를 깨닫지를 못해 회개가 없고, 회개가 없으니까 사랑으로 살아가는 것이 안 되더라는 것입니다.

'더러운 말과 어리석은 말과 상스러운 농담은 여러분에게 어울리지 않습니다. 오히려 여러분은 감사에 찬 말을 하십시오'(엡 5:4). 더러운 말과 어리석은 말과 상스러운 농담 이 세 가지는 우리가 반드시 삼가야 합니다. 참말만 하고 진실된 말을 해야 합니다.

그래서 본문 말씀에 보니까 '그러므로 여러분은 어떻게 살아가야 할지를 살피라'(엡 5:15a)고 합니다. 상스러운 말도 하지 말고 더러운 말도 하지 말고 어리석은 말도 하지 말고, 오직 진실된 올바른 말과 올바른 행동을 하라는 것입니다. 그런 사람이 바로 하나님의 자녀라는 것입니다. 그래서 어떻게 살아가야 할지 자신을 살피라는 것입니다. 그래서 지혜롭지 못한 사람처럼 살지 말고 지혜로운 사람답게 살아가라는 것입니다(15b). 어리석은 말과 잘못된 언어들, 행동을 하는 사람들은 결국 지혜롭지 못합니다. 성령의 불이 꺼져버린 사람은 무슨 죄를 짓든 어떤 잘못을 해도 그것이 잘못인지도 모릅니다. 추하게 하고 다녀도 추한지도 모릅니다. 자기 행동이 어떤 더러운 행동인지를 결과적으로는 모르고 짜증 내고 사람을 죽이고 그러더라는 것입니다. 참 걱정스럽지 않습니까. 하나님의 영성이 있는 사람들이 '너 이거 잘못됐다, 회개해라' 하면서 아이들을 어려서부터 잘 키우면 지혜로운 사람이 될 것이고, 그러지 않으면 지혜 없는 사람이 될 것입니다. 특별히 구원에 이르는 지혜가 있게 하는 것이 성경 곧 하나님의 말씀입니다(딤후 3:15-17). 성경은 온 인류의 베스트셀러, 책 중의 책입니다. 어떤 좋은 책도 이 성경을 따라갈 수가 없습니다. 왜냐하면 성령께서 우리에게 주셨기 때문에 그렇습니다.

'세월을 아끼십시오. 때가 악합니다. 그러므로 어리석은 자가 되지 말고, 주님의 뜻이 무엇인지를 깨달으십시오.'(16-17절). 때가 악하니까 세월을 아끼라는 것입니다. 그러므로 어리석은 자가 되지 말고 주님의 뜻이 무엇인지를 깨달으라는 것입니다. 분별을 해라, 분별력을 지녀라, 잘못된 것들을 다 버려라, 분별력 없이 살지 말라는 것입니다.

'술에 취하지 마십시오. 거기에는 방탕이 따릅니다. 성령의 충만함을 받으십시오.'(18절). 술에 취한 사람은 악령의 역사를 받는 사람이고 성령 충만한 사람은 바로 성령의 역사로 지혜로운 사람입니다. 술 취한 자는 어리석은 자가 되어 어처구니없는 행동을 하더라는 것입니다. 그 어처구니없는 일로 방탕이 따릅니다. 그러니까 성령 충만함을 받으라는 것입니다. 술 취하듯이 악령에게 취한 사람은 불이 꺼져도 숯덩어리 하나 없이 완전히 꺼져서 재만 남게 됩니다. 그러다 보니까 결국은 천국을 못 가는 그런 어리석은 사람으로 살아가더라는 것입니다. 불씨가 있어야 불이 붙습니다. 아주 작은 불씨라도 있을 때 회개하십시오. 이것이 지혜입니다. 회개를 하고 기도를 하는 사람이 지혜가 열립니다. 여기 본문 18절 내용은 아래에서 베드로전서 5장 8절 내용으로 이어서 말씀드리겠습니다.

'시와 찬미와 신령한 노래로 서로 화답하며, 여러분의 가슴으로 주님께 노래하며, 찬송하십시오.'(19절). '나의 삶 속에 남아 있는 것은' 이란 찬양은 누가 작사 작곡한 것인가요? 제 것인가요? 아닙니다. 이것은 성령이 저한테 주신 것입니다. 제 안에서 성령이 하시는 것 그대로 했기 때문에 찬양이 은혜가 되는 것이지 제 능력이 아닙니다. 저는 작사 작곡할 만한 그런 위인이 못 됩니다. 저는 그런 찬양을 지을 줄 아는 똑똑한 사람이 아닙니다. 음악을 전공한 사람도 아닙니다. 그런데 하나님께서 주시더라는 것입니다. 본문 19절 말씀도 그렇습니다. 우리가 성령 충만할 때 성령의 역사로 인해 시와 찬미와 신령한 노래가 우리 심령 속에서 울려 나온다는 것입니다. 바꿔 말하면 그런 찬양이 울려 나오는 사람이 성령의 음성을 듣는 사람입니다. 그래서 그런 사람은 모든 일에 언제나 우리 주 예수 그리스도의 이름으로 하나님 아버지께 감사를 드릴 수 있게 됩니다(20절).

베드로전서 5장 8-11절 내용을 살펴보겠습니다.
'정신을 차리고, 깨어 있으십시오. 여러분의 원수 악마가, 우는 사자같이 삼킬 자를 찾아 두루 다닙니다.'(벧전 5:8). 술 취한 사람처럼 살지 말고 정신을 차리고 깨어 있으라는 것입니다. 그래서 깨어 있기 위해서 몸부림을 치는 것입니다. 하나님의 음성을 듣기 위해서, 하나님과 연합하여 하나가 되기 위해서 전심을 다하는 것입니다. 악령에게 취한 사람은 창피한 것도 모르고, 자기가 어디를 다니는지 어떤 행동을 하는지 모르고 살지 않습니까. 하지만 하나님에게 취해 있는 사람, 성령에 취해 있는 사람들은 모두가 분별력을 가지고 삽니다. 서두에서도 말씀드린 바와 같이 그럼에도 불구하고 우리도 깨어 있지 못하면 우는 사자같이 삼킬 자를 두루 찾아다니는 우리의 원수 악마, 어둠의 영이 바로 우리를 치더라는 것입니다. 그러니 더더욱 우리는 정신을 차리고 깨어 있어야 합니다.

그리고 깨어 있기 위해, 정결한 마음을 유지하기 위해 늘 회개해야 합니다. 회개에는 상한 심령, 마음을 찢는 아픔이 따릅니다. 세상적으로 살고 싶은 욕구가 강하게 반발합니다. 그 죄성으로 인해 하나님하

고 같이 함께하기가 싫기 때문입니다. 그래 **" 회개는 우리를 성결케
서 강한 메시지가 들어가면 아프고 찔리니   하고 정결하게 합니다.**
까 싫어합니다. 전도서 12장 11절에서 "지혜로운 사람의 말은 찌르는 채찍 같고, 수집된 잠언은 잘 박힌 못과 같다. 이 모든 것은 모두 한 목자가 준 것이다."하였는데, 듣기 싫다는 것입니다. 그리고 미워합니다. 그러니까 그 미움을 안 받기 위해서 저는 상담을 해주고는 몸부림치며 기도합니다. '하나님 저 사람 깨어나게 해주세요. 과거의 것이 기억나게 해 주세요.' 과거에 지은 죄는 썩지도 않고 없어지지도 않기 때문입니다. 불로 태울 수도 없습니다. 회개밖에는 길이 없습니다. 회개를 했을 때 죄가 없어지고 정결한 마음 그릇이 되어 성령 충만함이 있는 그런 삶을 살 수 있게 됩니다. 그래서 그것만이 정신을 차리고 있는 것이고, 회개하고 기도하는 사람이 깨어 있는 사람이라는 것입니다. 깨어 있는 사람은 회개하고 기도하는 사람입니다. 기도하지 않는데 어떻게 깨어 있겠습니까. 또한 기도한다고 해서 내가 원하는 축복만 달라고 해서야 되겠습니까? 그것은 '이방인의 기도'입니다.(마 6:31-32). 그래서 우리는 내가 무슨 죄를 짓고 있는지를 알고 있어야 합니다. 죄에 민감해야 합니다.

그래서 '믿음에 굳게 서서 악마를 맞서 싸우라'는 것입니다.(벧전 5:9a). 그리스도를 믿는 믿음이 있어야 합니다. 예수님도 그 마음속에 믿음이 있나 없나를 보시고 기도를 해주셨습니다. 마음속에 믿음이 없는데 어떻게 기도해준다고 그 기도가 이루어지겠습니까? 교회 안팎에서 악마에게 맞서 싸울 수 있는 것은 예수 그리스도의 이름으로, 믿음으로밖에는 할 수가 없다는 것입니다.

> **우리에게 주시는 고난과 연단은 우리를 정금같이 만듭니다.**

'우리가 아는 대로, 세상에 있는 여러분의 형제자매들도 다 같은 고난을 겪고 있습니다.'(벧전 5:9b). 모두가 다 이 세상에서 연단을 겪고 고난을 겪고 있다는 것입니다. '모든 은혜를 주시는 하나님, 곧 그리스도 예수 안에서 여러분을 자기의 영원한 영광에 불러들이기 위해서'(10a) 우리는 고난도 겪고 연단도 겪고 회개도 해야 되고 그렇습니다. 우리가 그 연단 없이는 하나님의 나라를 들어갈 수가 없습니다. 예수님께서 십자가의 사역이 있고서야 영광스런 부활의 첫 열매가 되셨듯이(고전 15:20) 우리에게도 우리 각자가 져야 할 자기 십자가가 있습니다(눅 14:27). 작렬하는 햇볕에 열매가 익듯이 연단은 누구에게나 있습니다. 또한 천국에 들어간다고 해도 상급을 받는 자가 있고 부끄러운 구원을 받는 자도 있습니다(고전 3:12-15). 저는 같이 연단을 겪고 함께 일하는 사람들이 하나님의 나라에서 더 많은 것을 받기를 바랍니다. 그런데 참 그렇습니다. 자식이 아무리 많아도 전부가 다 잘되기를 바라듯이 저도 교인들이 전부 다 잘되기를 바랍니다. 그래서 저는 약한 가정이 있으면 그 약한 꼴을 못 보겠더라고요. 하나님은 '너 놔라, 놔라. 그건 자기 가족들이 할 일이고 아이들이 할 일이지. 네가 어떻게 그 가정까지 하려고 하냐? 놔라.' 하시는데도 저는 모두가 다 잘됐으면 좋겠고, 오래된 사람이 더 잘 됐으면 좋겠습니다. 그런데 이게 안 되니까 어떨 때는 몸부림을 치는 것입니다.

우리에게 잠시 동안 고난이 있어도 모든 은혜를 주시는 하나님께서 우리를 친히 온전하게 하시고 굳게 세워 주시고 강하게 하시고, 기초를 튼튼하게 하여 주실 것입니다(10b). 믿음을 더하시는 분도 주님이십니다. 그러니 더욱 기도해야겠습니다. '권세가 영원히 하나님께 있기를 빕니다. 아멘'(11절). 축도로 '아멘' 하고 마치는 걸 볼 수가 있습니다.

우리 모든 성도들이 성령 충만한 은혜를 입기를 빕니다. 그리고 늘 깨어 있어야 됩니다. 장작불을 꺼트리면 안 됩니다. 재만 남아 있으면 여러분 쓸모없는 것으로 갖다 버려집니다. 어디를 가서든지 쓸모 있고, 우리 후손들이 오대양 육대주를 누릴 수 있는 은혜가 임하려면 부모가 먼저 깨어 있어야 합니다. 그래서 늘 성령의 충만함을 힘입어 기도하면서 능력있는 삶을 살아가기를 바랍니다.

II
선 교

누가복음 15:1-7

1 세리들과 죄인들이 모두 예수의 말씀을 들으려고 그에게 가까이 몰려들었다.
2 바리새파 사람들과 율법학자들은 투덜거리며 말하였다. "이 사람이 죄인들을 맞아들이고, 그들과 함께 음식을 먹는구나."
3 그래서 예수께서는 그들에게 이 비유를 말씀하셨다.
4 "너희 가운데서 어떤 사람이 양 백 마리를 가지고 있는데, 그 가운데서 한 마리를 잃으면, 아흔아홉 마리를 들에 두고, 그 잃은 양을 찾을 때까지 찾아 다니지 않겠느냐?
5 찾으면, 기뻐하며 자기 어깨에 메고
6 집으로 돌아와서, 벗과 이웃 사람을 불러모으고, '나와 함께 기뻐해 주십시오. 잃었던 내 양을 찾았습니다' 하고 말할 것이다.
7 내가 너희에게 말한다. 이와 같이 하늘에서는, 회개할 필요가 없는 의인 아흔아홉보다, 회개하는 죄인 한 사람을 두고 더 기뻐할 것이다."

마태복음 18:10-14

10 "너희는 이 작은 사람들 가운데서 한 사람이라도 업신여기지 않도록 조심하여라. 내가 너희에게 말한다. 하늘에서 그들의 천사들이 하늘에 계신 내 아버지의 얼굴을 늘 보고 있다. (11절 없음)
12 너희는 어떻게 생각하느냐? 어떤 사람에게 양 백 마리가 있는데, 그 가운데 한 마리가 길을 잃었다고 하면, 그는 아흔아홉 마리를 산에다 남겨 두고서, 길을 잃은 그 양을 찾아 나서지 않겠느냐?
13 내가 너희에게 말한다. 그가 그 양을 찾으면, 길을 잃지 않은 아흔아홉 마리 양보다, 오히려 그 한 마리 양을 두고 더 기뻐할 것이다.
14 이와 같이, 이 작은 사람들 가운데서 하나라도 망하는 것은, 하늘에 계신 너희 아버지의 뜻이 아니다."

4. 잃은 양을 찾는 교회 | (눅 15:1-7, 마 18:10-14)

　우리 교회는 '잃은 양을 찾으라'는 하나님의 말씀을 토대로 교회를 개척하게 되었습니다. '잃은 양을 찾아야 된다. 너는 교회에 잃은 양을 찾기 위해서 개척을 해야 된다.' 그래서 열심히 잃은 양을 찾아서 전도하여 교회가 성장하게 되었고 오늘날에 이르렀습니다. 그런데 본문의 잃은 양은 마태복음에 나오는 잃은 양과 다른 점이 있습니다(마 18:12-14). 마태복음에 쓰인 '잃다'는 동사는 헬라어 본문에서 보면 '플라나오(πλανάω)'라는 말을 사용합니다. 그 뜻은 '길을 잃다, 경로를 벗어나다'로 신앙생활을 하다가 스스로 거부하여 잘못된 길로 타락한 것을 의미합니다. 그러므로 저는 구원받지 못할 사람을 구원받게 하려고 최선을 다한 것입니다.

　그런데 누가복음의 잃은 양은 의미가 다릅니다. 헬라어로 '잃다'로 사용된 동사가 '아폴뤼미(ἀπόλλυμι)'라는 단어입니다. 그 뜻은 '파멸하다'로 스스로 거부하기보다, 연약하고 무지하여 길을 잃는 것을 의미합니다. 그래서 주인 입장에서는 '분실하다'는 것을 뜻합니다. 잃어버렸다는 것입니다. 죄인 된 우리를 찾으시는, 천하보다 귀한 영혼 하나하나에 대한 주님의 절절한 안타까움이 배어 있지 않습니까? 그래서 본문 다음에 이어지는 되찾은 드라크마의 비유에서도, 그다음에 이어지는 되찾은 아들의 비유에서도 '잃어버림'이 전제됨을 볼 수 있습니다. 아직 이렇게 믿음의 생활로 돌아오지 못한 사람에 대해 주님은 말씀하고 계십니다.

> **하나님이 가장 기뻐하시는 일은 우리가 '한 영혼'을 구원하는 것입니다. 다시 말해 전도하는 것이죠.**

'세리들과 죄인들이 모두 예수의 말씀을 들으려고 그에게 가까이 몰려들었다. 바리새파 사람들과 율법학자들은 투덜거리며 말하였다. "이 사람이 죄인들을 맞아들이고, 그들과 함께 음식을 먹는구나."'(눅 15:1-2). 누가복음 14장 1절에 의하면 그 자리는 바리새인 중에 지도자급 인물의 집이었으며, 안식일이어서 당시 손님을 접대하라는 랍비들의 가르침에 따라 빈부에 관계없이 많은 사람들이 초대되었습니다. 그래서 세리들과 죄인들뿐만 아니라 바리새인과 율법학자들도 있었습니다. 그들은 예수님을 '이 사람'이라고 지칭하면서 죄인들을 맞아들이고 그들과 함께 음식을 먹는다고 투덜댔습니다. 형식에 얽매인 바리새인과 율법학자들의 차별의식이 공공연했다는 것입니다.

그래서 예수님께서 그들에게 비유로 말씀하십니다. "너희 가운데서 어떤 사람이 양 백 마리를 가지고 있는데, 그 가운데서 한 마리를 잃으면, 아흔아홉 마리를 들에 두고, 그 잃은 양을 찾을 때까지 찾아다니지 않겠느냐?"(3-4절) 잃은 양에 대한 목자의 안타까운 심정이 느껴지시지 않습니까? 연약하고 무지해서 길을 잃은 양을 목자는 찾을 때까지 찾아다니지 않겠느냐고 주님은 우리에게 반문하십니다. 우리가 전도해야 할 양들입니다! 그래서 저는 이 잃은 양을 찾으려고 죽기 아니면 살기로 가르칩니다. 옆에서 보면 때로 질투할 정도로 마음을 쏟습니다.

잃은 양은 교회 안에도 있고 교회 밖에도 있습니다. 우리는 안팎에서 잃은 양을 찾고 있습니다. 교회 안에서도 잃은 양을 찾고 교회 바깥에서도 잃은 양을 찾고 있습니다. 복음을 전해 구원에 이르도록 최선을 다하고자 합니다. 그런데 '네, 아멘. 그렇게 하겠습니다. 또 가르쳐주세요.' 하면서도 거기에 순종을 안 해서 결국은 놓치는 사람이 있고, 그래도 조금씩 정착을 하는 사람이 있다는 사실을 잊지 마시길 바랍니다. 교회에는 양과 염소가 있습니다(마 25:31-46). 반드시 천국과 지옥이 있습니다. 양은 창세 때로부터 준비된 천국을 차지할 것입니다. 염소는 악마와 그 졸개들을 가두려고 준비한 영원한 불 속으로 들어가게 될 것입니다. 그래서 우리는 더더욱 그 잃은 양을 찾을 때까지 찾아다녀야 합니다. 복음을 증거해야 합니다.

"찾으면, 기뻐하며 자기 어깨에 메고 집으로 돌아와서, 벗과 이웃 사람을 불러모으고, '나와 함께 기뻐해 주십시오. 잃었던 내 양을 찾았습니다' 하고 말할 것이다."(5-6절) 제가 행복할 때가 바로 사람의 영성이 변할 때입니다. 조금씩 조금씩 변해서 시어머니하고도 하나가 되고 남편하고도 하나가 되고 또 교인들하고도 하나가 됩니다. 영성이 변하여 성숙한 사람들은 다들 서로 하나가 됩니다. 주님이 주인이 되니 다른 것들을 내려놓게 됩니다.

롯의 아내가 세상이, 돈이, 그 쾌락이 보이니까 뒤를 돌아본 것을 우리는 압니다(창 19:12-26). 소돔과 고모라가 바로 그런 곳이기 때문입니다. 그러다 보니까 결국은 이것도 놓치고 저것도 놓치고 다 놓치고 소금 기둥이 되어버렸습니다. 살아남지 못했습니다. 결국 구원받지 못했습니다. 우리는 더디 이루어지더라도 조금씩 조금씩 주님께로 가까이 나아가야 합니다. 말씀 앞에 순종하는 그런 사람이 되어야 할 줄 믿습니다. 또한 그렇게 나 같은 잃은 양을 찾기 위해서 최선을 다해 전도하는 교회가 되어야 하겠습니다.

"내가 너희에게 말한다. 이와 같이 하늘에서는, 회개할 필요가 없는 의인 아흔아홉보다, 회개하는 죄인 한 사람을 두고 더 기뻐할 것이다."(7절). 회개할 필요가 없는 사람은 내버려둬도 말씀을 듣고, 목자의 음성을 듣고 오게 되어 있습니다. 하나님은 길을 잃어버려 헤매는 양이 돌아올 수 있도록 회개를 시키고 천국 백성이 되게 하려고 하십니다. 사랑하는 여러분 잘 한번 생각을 해 보십시오. 여러분들한테 왜 제가 회개를 하라고 하는가? 여러분을 놓치면 제게 주어진 몫인 천국에 대한 한 생명을 놓쳐버리는 것 아니겠습니까! 우리는 모두 다 천국 가기를 바라고 좋은 결과가 있기를 바랍니다. 그런데 우리는 얼마나 많이 얼마나 자주 눈으로 보는 것만으로 생각을 하고 단정을 지어서, 정말 소중한 하늘의 보화를 놓치는지요.

이어서 마태복음을 보도록 하겠습니다. '너희는 이 작은 사람들 가운데서 한 사람이라도 업신여기지 않도록 조심하여라.'(마 18:10a). 천하보다 귀한 것이 한 영혼입니다. 잃은 양은 영적으로 어린 사람입니다. 그런 사람의 영성이 회복되도록 저는 더러는 너무너무 강하게 가르치기도 하고 회개도 시키고 그러는 것입니다. '내가 너희에게 말한다. 하늘에서 그들의 천사들이 하늘에 계신 내 아버지의 얼굴을 늘 보고 있다.'(마 18:10b). 어떤 사람도 업신여김을 받아서는 안 됩니다. 주님 앞에는 다 귀하디귀한 영혼들입니다. 잃은 양을 찾아 전도하는 것은 우리의 마땅한 사명입니다.

'너희는 어떻게 생각하느냐? 어떤 사람에게 양 백 마리가 있는데, 그 가운데 한 마리가 길을 잃었다고 하면, 그는 아흔아홉 마리를 산에다 남겨두고서, 길을 잃은 그 양을 찾아 나서지 않겠느냐? 내가 너희에게 말한다. 그가 그 양을 찾으면, 길을 잃지 않은 아흔아홉 마리 양보다, 오히려 그 한 마리 양을 두고 더 기뻐할 것이다.'(12-13절). 말씀을 듣고 어떤 사람은 말씀드렸다시피 영성이 변합니다. 영성이 변해서 말씀을 듣고 뿌리를 내립니다. 말씀의 뿌리가 있어서, 때로 조금 흔들려도 나중에는 결국 그 말씀으로 자리를 잡고 뿌리를 내립니다. 성장합니다. 그렇게 아흔아홉 마리처럼 말씀에 딱 차서 자리를 잡고 있을 때, 우리는 함께 잃어버린 한 마리의 그 양을 찾기 위해서 최선을 다할 수 있는 것입니다. 모든 일에 협력해서 선을 이룬다는 것입니다(롬 8:28).

'이와 같이, 이 작은 사람들 가운데서 하나라도 망하는 것은, 하늘에 계신 너희 아버지의 뜻이 아니다.'(14절). 그래서 우리 교회에 일단 들어오는 이상 저에겐 제게 맡겨진 양이라서 저는 동역하는 분들과 함께 최선을 다하는 것입니다. 그런데 여기서 실제로 정말 중요한 것이 있습니다. 그것은 바로 순종입니다. 제 앞에서는 '네' 해놓고 뒤에 가서 까먹어버리면 안 되잖습니까. 순종을 안 하게 되면 축복도 결국은 물거품처럼 그냥 사라져 버립니다. 그런데 제 앞에서는 '네' 해놓고 실제로는 안 하는 사람들도 있습니다. 이것은 심각한 문제입니다. 대답은 해놓고 그렇게 안 합니다. 건성으로 대답은 열심히 한다 해도 생활로 이어지지 않는다면 전혀 소용이 없습니다. '순종이 제사보다 낫고, 말씀을 따르는 것이 숫양의 기름보다 낫습니다.' (삼상 15:22).

'잃은 양을 찾으라' 그래서 우리는 잃은 양을 놓고 열심히 노력했습니다. 여러분, '나의 삶 속에 남아 있는 것은' 이 찬양은 제 생활입니다. 제가 하나님 앞에 서원했던 것입니다. 하나님의 뜻을 이루어드리는 것이 우리가 순종하는 것입니다. 그런데 교회 안에서는 정말 대답을 잘하는 사람이 많습니다. 대답을 해놓고 행동으로 옮기지 않는 사람도 많이 있습니다. 얘기를 하면 꼭 고민을 하고 머뭇거리는 사람이 있습니다. 제가 이미 하나님이 주셔서 전할 때도 '기도해 보겠습니다, 생각해 보겠습니다' 이럽니다. 기도해 보겠다는 것은 자기 마음에 와닿지 않으면, 자기 생각과 맞지 않으면 결국은 안 하겠다는 것입니다. 저를 못 믿겠다는 것입니다. '말씀해 주신 일들이 많이 이루어진 것 압니다.' 그러면서도 못 믿겠다는 것입니다. 신뢰를 안 하겠다는 것이죠. 그러면 받을 생각도 하지 말아야 합니다. 마음을 다해 온전히 '네'를 한 것이 아니면 결국은 그것은 안 이루어집니다. 그러면서 목사님이 말씀한 것인데 왜 안 이루어지냐고 오히려 원망합니다.

길을 잃어 헤매는 양들을 찾으려고 갖은 애를 써 왔습니다. 그래서 많이 힘들고 고달프기도 했습니다. 그럼에도 어떻게든 사람들을 살려서 알곡을 만들어보기 위해서 최선을 다해 노력합니다. 우리 교인들 앞

> **여러분에게
> 길 잃은 한 영혼이
> 누구입니까?
> 그 영혼을 위해
> 지금 무엇을
> 하고 있습니까?**

으로 이 잃은 양을 찾는 데 함께 기도하면서 찾아가는 그런 은혜가 있기를 바랍니다.

우리 모두는 하나님의 부름을 받았습니다. 부르신 주님은 우리에게 반문하십니다. 그 잃은 양을 찾을 때까지 찾아다니지 않겠느냐? 성령 충만함으로 '한 영혼'을 천하보다 귀하게 여기며, 주님의 심정으로 영혼을 구원하기 위해서 찾아나서는 우리 모두의 삶이 되십시다.

로마서 1:1-7

1 그리스도 예수의 종인 나 바울은 부르심을 받아 사도가 되었습니다. 나는 하나님의 복음을 전하기 위하여   따로 세우심을 받았습니다.
2 이 복음은 하나님께서 예언자들을 통하여 성경에 미리 약속하신 것으로
3 그의 아들을 두고 하신 말씀입니다. 이 아들은, 육신으로는 다윗의 후손으로 태어나셨으며,
4 성령으로는 죽은 사람들 가운데서 부활하심으로 나타내신 권능으로 하나님의 아들로 확정되신 분이십니다. 그는 곧 우리 주 예수 그리스도이십니다.
5 우리는 그를 통하여 은혜를 입어 사도의 직분을 받았습니다. 그것은 우리가 그 이름을 전하여 모든 민족이 믿고 순종하게 하려는 것입니다.
6 여러분도 그들 가운데 들어 있어서, 예수 그리스도의 부르심을 받은 사람이 되었습니다.
7 나는 로마에 있는 모든 신도에게 이 편지를 씁니다. 하나님께서 여러분을 사랑하셔서, 그의 거룩한 백성으로 부르셨습니다. 하나님 우리 아버지와 주 예수 그리스도께서 내려 주시는 은혜와 평화가 여러분에게 있기를 빕니다.

5. 믿고 순종하는 교회 | (롬 1:1-7)

    로마서 말씀은 바울이 제3차 전도여행 당시 고린도 지방에서 머물던 중에 기록한 것으로 모든 종족과 민족이 예수님을 믿고 순종하게 하려고 선포한 것입니다. '그리스도 예수의 종인 나 바울은 부르심을 받아 사도가 되었습니다'(1a). 바울은 그리스도의 종 예수님의 종으로 부르심을 받아 사도가 되었다고 합니다. 우리도 다 각자 부르심을 받았습니다. 더러는 목회자로 더러는 장로로 더러는 안수집사나 권사로, 그 외에도 선교사 등 여러 가지로 각자가 주어진 임무가 다 다르다는 것입니다. 제가 오랫동안 복음 사역을 하면서 느끼는 것은 어떤 사람은 밭을 갈고 어떤 사람은 씨앗을 뿌리고 어떤 사람은 물을 준다는 것입니다(고전 3:3-7). 그런데 이런저런 일들을 하면서 보면 어떤 사람은 시작은 좋은데 나중에 마무리를 못 짓더라는 것입니다. 그리고 어떤 사람은 중간 역할을 하는가 싶은데 마무리를 못 짓습니다. 우리는 아주 조그마한 자기 생각으로 다 한다고 생각합니다. 하지만 모든 일이 서로 협력해서 선을 이룬다는 것을 잊어서는 안 됩니다(롬 8:28). 제가 하는 게 있으면 여러분들이 하시는 게 있습니다.

    여러분들이 못 하는 것을 제가 할 수도 있고 제가 못하는 것을 여러분들이 할 수도 있다는 것입니다. 눈이 하는 것 코가 못 하고 코가 하는 것 입이 못 하고 입이 하는 것 귀가 못 한다는 것입니다. 그리고 또 하나님이 더디게 이루시는 것이 있고 빨리 이루시는 것이 있습니다. 이 모든 것이 예언을 따라서 이루어집니다. 묻겠습니다. 여러분은 과연 어떤 부르심을 받았습니까? 여러분은 하나님의 종이십니까, 그냥 자녀로만 있습니까? 우리는 하나님의 자녀이기도 하지만 종이기도 하지 않습니까. 종은 주인이 죽으라고 하면 죽어야 합니다. 바울은 예수님의 종으로 부르심을 받아 사도가 되었다고 합니다. 우리도 각자 부르심을 따라 목회자가 되고 장로가 되고 권사가 되고 안수집사가 되었습니다.

'나는 하나님의 복음을 전하기 위하여 따로 세우심을 받았습니다'(1b). 바울은 하나님의 복음을 전하기 위하여 따로 세움을 받았다고 합니다. 주님은 바울을 이방인의 사도로 삼으셨습니다(갈 2:8). 그래서 따로 세움을 받았다는 것입니다. 사도행전 9장을 보면 바울이 예수님의 소명을 받습니다. 그리고 그 이후로 바울은 뒤를 돌아보지 않았습니다. 매를 맞든 죽임을 당하든 어떤 경우도 복음을 전하기 위해 앞만 향해서 갔습니다. 사도행전을 읽어보면, 끈질기고 악착같이 이간시키고 해치는 사람들 때문에 바울은 무수한 고초를 겪습니다. 저도 일하다가 너무 어려운 게 자기 생각으로, 자기의 주관적이고 개인적인 것으로 이것이 틀렸고 저것이 틀렸다고 고집하며 맞서는 경우입니다.

2절에 보니까 따로 세움을 받은 바울이 '이 복음은 하나님께서 예언자들을 통하여 성경에 미리 약속하신 것'이라고 합니다. 예언에 따른 것이라는 말입니다. 베드로도 '예언은 언제든지 사람의 뜻에서 나온 것이 아니라, 사람이 성령에 이끌려서 하나님께로부터 오는 말씀을 받아서 한 것'이라고 합니다(벧후 1:21). 저도 그렇게 말씀을 받아서 하는데 안 믿고 안 따라옵니다. 그래도 빨리 이루어지는 것은 좀 괜찮습니다. 더디게 이루어지는 것은 얼마나 힘이 드는지 모릅니다. 예언 말씀이 그대로 이루어지기까지 말씀을 읽고 그리고 묵상하고 기도하며 일을 도모해야 하지 않겠습니까. 그 말씀을 이루기까지는 못 이루어지게 하려는 숱한 어둠과의 싸움이 있습니다. 그러나 빨리 이룰 것이 있고 더디 이룰 것이 있어도 하나님은 어김없이 이루신다는 것을 제가 이번에 느꼈습니다. 주님이 주신 말씀을 주신 대로 선포해놓고 나면 어김없이 이루어집니다. '아, 하나님이 한 번 응답을 주시면, 우리가 그냥 포기하지 않고 도망가지 않으면 어김없이 이루시는구나.' 제가 이번에 참 큰 깨달음을 경험하였습니다. 그래도 예수님을 믿고 순종한다는 게 얼마나 어려운지, 하나님께 '순종하는 것이 얼마나 어려운 줄' 발견하였습니다. '한 사람 한 사람한테 믿음을 심어 주고 그 믿음대로 따라가도록 하는 것이 얼마나 어려운지 아느냐'고 하나님이 제게 질문을 하셨습니다.

우리 교회는 하나님의 은혜로 많은 성장을 했습니다. 그런데 아무리 똑같은 몸을 가졌다고 해도 성경에는 다르다고 합니다. 하나님은 한배에서 난 형제간인데도 그중에 다윗을 뽑으셨습니다. 다른 사람들은 다 아니더라는 것입니다. 모세도 형도 있고 누나도 있었는데 하나님은 모세를 뽑았습니다. 그런데 모세가 말을 잘 못하고 어눌하고 더듬거렸습니다. 그러다 보니까 형을 세워주고 누나를 세워주셨습니다. 하지만 이 사람들이 하나님이 모세를 통해 주신 것을 그대로 전하지 않았다면 하나님은 그들로부터 촛대를 옮기셨을 것입니다. 성경에 있는, 미리 약속하신 주님의 말씀을 저는 거짓말로 선포한 적이 없습니다. 물론 하나님이 더디 이루시는 것이 있고 빨리 이루시는 것이 있습니다. 이번에 이제 순차적으로 일을 주시면서 주시는 말씀이 "너 쟁기질 해놓고 바로 수확을 얻을 수 있냐?" 그렇지 않다는 것입니다. 쟁기질을 해서 밭을 다 고르고 나서는 씨앗을 뿌리고 물을 주는 과정이 필요합니다. 새싹이 자라고 나무가 자라고 꽃이 피고 잎이 피고 열매를 맺는 과정 가운데 우리는 엉겅퀴를 뽑아내 주고 여러 가지 일을 해야 한다는 것입니다. 교회도 기도하고 성경 읽기 하고 여러 가지 일들을 하면서 성장을 하게 됩니다.

우리가 명심해야 할 것은 나무가 자라는 데 필요한 햇볕도 비도 그리고 적절한 환경도 우리 몫이 아니듯이, 결국 실질적으로 일을 하시는 분이 주님이시라는 것입니다. 우리는 다만 통로요 도구일 뿐입니다. 주님이 영감을 주셔서 제가 만들게 된 찬양 '나의 삶 속에 남아 있는 것은' 예수 그리스도밖에 안 계십니다. 다른 것은 아무 소용이 없습니다. 그리스도만 남으면 된다는 것입니다. 그래서 우리가 주님께 영광을 돌려야 되는데 자기가 죽으면 귀신이 될 거니까, 신이 될 거니까 자기를 높이려고 합니다. 그래서 '제가 했습니다. 내 겁니다.' 그럽니다. 하지만 기도는 우리가 할지라도 결국 이루시는 분은 여호와십니다. 열매를 맺게 하고 그 열매를 거둬들이시는 분은 주님이시지 우리가 아니라는 것입니다. 전도를 해서 천국 가게끔 기도해 드리는 것은 제가 할 수가 있습니다. 우리가 기도는 할 수 있습니다. 하지만 그 뜻을 이루시고 천국으로 인도하시는 분은 그리스도이십니다. 그리스도의 핏값이 아니고는 안 된다는 것입니다.

그리고 또 제가 깨달은 것이, 하나님은 처음에 '이렇게 해라' 하시고 바꾸실 수도 있는 분이라는 것입니다. 그래서 우리는 그분의 말씀을 믿고 그대로 순종해야 합니다. 우리들 삶의 자리에서 주님을 따라가는 것

> **말씀에 대한 즉각적인 순종이 그리스도인에게 가장 중요합니다. 순종해야 열매가 나타납니다.**

입니다. 주님의 뜻이 하늘에서 이루어진 것같이 땅에서도 이루어지길 바라며, 우리들 삶의 자리에서 거룩한 삶을 이루어가야 합니다. '나'는 못 하지만 하나님은 하십니다. 하나님이 시키시는 것은 어김없이 이루어지더라는 것입니다. 그래서 교회에서 순종하게끔 저는 이렇게도 해보고 저렇게도 해보는 것입니다. 그런데 거기에 순종을 하는 것이 참 어렵고 힘듭니다. 하나님이 하라고 하시니까 그대로 하기는 하는데 얼굴이 진짜 따끈따끈할 때도 있고 정말 주저앉고 싶을 때도 많습니다. 그러나 그 뜻이 하나님의 뜻이니까 우리는 순종할 수밖에 없습니다.

이사야서 6장을 통해 소명 받는 과정에 대해 좀 더 깊이 살펴보겠습니다. 6장에 보면 이사야를 하나님이 부르십니다. 6장 3절에 보니까 주님을 모시고 선 스랍들이 "거룩하시다, 거룩하시다, 거룩하시다. 만군의 주님! 온 땅에 그의 영광이 가득하다." 큰 소리로 노래하며 화답합니다. 그 우렁찬 노랫소리에 주님의 강림으로 문지방의 터가 흔들리고, 성전에는 주님의 임재를 상징하는 연기로 가득 찹니다(4절). 그러자 이사야는 "재앙이 나에게 닥치겠구나! 이제 나는 죽게 되었구나! 나는 입술이 부정한 사람인데, 입술이 부정한 백성 가운데 살고 있으면서, 왕이신 만군의 주님을 만나 뵙다니!" 하고 부르짖습니다(5절). 완전하신 주님의 거룩함 앞에 자신과 백성의 죄 된 모습이 여실히 드러났기 때문입니다. 베드로도 주님의 부르심을 받을 때 주님의 무릎 앞에 엎드려서 "주님, 나에게서 떠나 주십시오. 나는 죄인입니다." 말했습니다(눅 5:8). 그러니까 이사야도 죽게 되었다는 것입니다.

그때 스랍들 가운데서 하나가 제단에 타고 있는 숯을 부집게로 집어 손에 들고 날아와서 그것을 이사야의 입에다 대주며 말했습니다. "이것이 너의 입술에 닿았으니, 너의 악은 사라지고, 너의 죄는 사해졌다"(6-7절). 이때는 아직 예수님이 오시기 전이니 예수 그리스도의 피도 아니고 그렇다고 피 흘림의 제사도 나타나지 않습니다. 하늘 제단의 정결케 하는 숯은 바로 친히 속죄 제물이 되신 예수님의 십자가 사역의 예표요 상징이라 하겠습니다. 우리가 짚어야 할 중요한 것은 부르심의 첫 단추는 회개와 죄 사함이라는 것입니다.

이사야의 죄에 대한 용서가 먼저였음을 우리는 심령에 깊이 새겨야 합니다. 부름을 받은 사람들은 내 안에서 악이 떠나가야 합니다. 그래야 거룩하신 영, 성령이 임하시어 우리 안에 거하십니다. 우리를 주관하십니다. 죄가 사해지지 않고는 하나님의 일을 하기가 어렵다는 것입니다!! 저는 수도 없이 속으로 부르짖습니다. '하나님 용서해 주세요. 하나님 용서해 주세요. 하나님 불쌍히 여겨주세요.' 이게 왜 그러겠습니까? 우리가 그토록 바라는 주님과의 동행, 내주(內住) 역사하시는 성령께서 우리를 인도하시고 주관하시는 놀라운 은혜의 시작은 회개를 통한 죄 사함이 먼저이기 때문입니다. 이사야도 자기 입에 이런 죄가 사해지기 때문에 하나님의 뜻을 따라 소명을 감당한다는 것입니다.

'그 때에 나는 주님께서 말씀하시는 음성을 들었다'(8a). 주님의 음성은 억지로 듣고자 한다고 듣는 것이 아닙니다. 죄가 있고 어둠의 영의 역사에 싸여 있는데 어떻게 그 음성을 듣겠습니까. 어렵습니다. 귀신의 소리를 듣기가 십상입니다. 귀신의 영도 영이고 하나님의 영도 영이잖습니까. 사람들이 교만한 것이 왜 교만한 줄 아십니까? '내가 죽으면 귀신이 될 거야.' 자기가 죽으면 신이 될 것이라는 생각 때문입니다. 그래서 교만한 경우를 많이 보고 하나님의 말씀에 부딪치는 경우를 많이 볼 수가 있습니다. "내가 누구를 보낼까? 누가 우리를 대신하여 갈 것인가?" 내가 아뢰었다. "제가 여기에 있습니다. 저를 보내어 주십시오"(8b). 이것은 성령이 주도하시지 않고 인도하시지 않고는 어렵습니다. '나를 보내주세요.' 오늘날 목사님들이 이런 소명을 받고 목회자가 되어야 하는데 조금 은혜받았다고 해서 쉽사리 '아, 나 목회자가 될래.' 그럽니다. 그리고 직업으로 생각을 합니다. 소명도 없고, 영적인 세계를 모르면서 목회자가 되는 경우들이 많이 있습니다.

하지만 분명한 것은 실제로 바울도 그렇고 이사야도 그렇고 예레미야도 하나님이 부르시는 음성을 정확하게 들었다는 것입니다. 그래서 이사야가 하나님의 뜻을 따라서 '제가 여기 있습니다.' 그러고 나올 수가 있었던 것입니다. 하나님의 음성을 듣는 사람은 물론 요나처럼 도망가는 경우도 많이 있습니다. 저도 이렇게 목회를 하면서도 도망가고 싶을 때가 있습니다. 왜냐하면 너무나 많은 일을 주시기 때문입니다. 그 일들을 하나씩 하나씩 해 나가면 좋은데 하나 일이 터지면 또 터지고 또 터질 때 옆에 있는 우리 교인들은 '아니 목사님, 이렇게 일을 많이 벌여놓고 어떡하려고 그러세요?' 말합니다. 염려가 되어 그러겠지만 가족들조차 그럴 때가 있습니다. 그러면 저도 사람인지라 '하나님 저한테 왜 이러세요? 왜 이렇게 많은 일을 주세요?' 하며 도망치고 싶을 때가 있습니다. 그럴 때는 반드시 가까이 있는 사람들을 통해서 사탄의 역사를 받습니다. 훼방을 합니다. 그러니까 일하기가 너무 어려운 것이죠. 더군다나 기도하지 않는 사람의 그런 말들이 더욱 어렵게 합니다.

'그러자 주님께서 말씀하셨습니다. "너는 가서 이 백성에게 '너희가 듣기는 늘 들어라. 그러나 깨닫지는 못한다. 너희가 보기는 늘 보아라.

그러나 알지는 못한다' 하고 일러라.'"(9절). 듣기는 늘 듣는데 깨닫지를 못합니다. 그리고 알지를 못합니다. 설교를 아무리 들어도 깨닫지 못하는 사람이 있고 알지 못하는 사람들이 있습니다. 아무리 들어도 못 하더라는 것입니다. "너는 이 백성의 마음을 둔하게 하여라. 그 귀가 막히고, 그 눈이 감기게 하여라. 그리하여 그들이 볼 수 없고, 들을 수 없고 또 마음으로 깨달을 수 없게 하여라. 그들이 보고 듣고 깨달았다가는 내게로 돌이켜서 고침을 받게 될까 걱정이다"(10절).

10절 내용은 9절과 같은 내용인데, 말씀을 선포할 이사야가 겪게 될 일이라고 주석가들은 말합니다. '네가 아무리 내 말을 전해도 백성들이 못 알아들을 것'이라는 말입니다. 백성들이 그렇게나 죄에 빠져 있다는 것입니다. 여러분 제가 설교를 하면 늘 눈을 감고 눈을 못 뜨는 사람이 있습니다. 상담할 때도 그렇습니다. 그 반대의 경우도 있습니다. 영적으로 잘못된 사람이 말을 하고 선포를 하면 제가 눈을 못 뜹니다. 왜냐하면 성령께서 '듣지 마라. 너는 말씀만 듣고 성령의 음성만 들어라' 하시기 때문입니다. 성령께서 하나님의 것이 아닌 것을 싹 지워버리시기 때문입니다. 베드로가 사탄의 음성을 들어서 예수님이 "사탄아, 내 뒤로 물러가라. 너는 나에게 걸림돌이다. 너는 하나님의 일을 생각하지 않고, 사람의 일만 생각하는구나!" 하셨잖습니까(마 16:23). 잘못하면 제 영성이 막히니까 그렇습니다. 하여튼 제가 얘기를 해드릴 때 못 알아듣는 사람들이 너무 많다는 것입니다. 그런데 듣기 싫어하는 사람은 더더욱 그렇습니다. 여러분, 깨달음은 '만나'입니다. 만나가 무엇입니까. 하나님의 말씀이 곧 만나입니다. 광야에서 백성들이 먹고 살도록 하나님이 주신 것이 바로 만나입니다. 영적인 은혜를 입으라는 것입니다! 저도 우리 교인들 모두가 그렇게 되기를, 소명 받기를 고대하기에 열심을 내는데 참 어렵습니다.

본문 3절을 보니까 '그의 아들을 두고 하신 말씀입니다. 이 아들은, 육신으로는 다윗의 후손으로 태어나셨다'고 합니다. 예수 그리스도께서 육신으로는 다윗의 후손으로 태어나셨다는 이 말씀은 구약에 계속 예언된 말씀입니다. 말씀은 그대로 이루어집니다. 주님의 절대 주권입니다. 반복해서 말씀드리지만 '나의 뜻, 우리의 뜻'이 아니라 '주님의 뜻'이면 이루어집니다. 우리는 오로지 그리스도의 복음만 증거하면 되는 것입니다. 그게 왜 그러냐면 '성령으로는 죽은 사람들 가운데서 부활하심으로 나타내신 권능으로 하나님의 아들로 확정되신 분이 곧 우리 주 예수 그리스도'이시기 때문에 그렇습니다(4절). 이분은 다윗의 후손으로 오셨지만 성령으로 말미암아 확정됐습니다. 이분이 바로 우리 주 예수 그리스도이십니다. 태초에 하나님이 천지를 창조하시고 인간을 창조하셨을 때 방해하는 아내가 있는가 하면 동생을 죽이는 아들이 있었습니다. 그럼에도 불구하고, 하나님은 또 다른 아들 셋을 주셔서 구속사를 잇게 하셨습니다. 그 이후로 노아를 택하시고 또 아브라함을 택하시고 여러 예언자들을 택하셔서 하나님의 구속사를 잇게 하셨습니다.

달리 말해 반드시 씨앗을 남기셨습니다. 남기셔서 주의 뜻을 이루게 하셨습니다. 주님께서 우리를 부르심도 같은 맥락입니다. 하나님이 여러분들을 그냥 불러들이는 게 아니라는 것입니다. 그런데 그중에서도 꼭 일할 때 어둠의 영을 받아서 반대하는 경우들이 있습니다. 하나님의 일을 생각하지 않고 사람의 일만 생각하는 경우입니다(마 16:23). 가룟 유다가 그랬고 베드로도 그랬습니다. 정작 문제는 무엇입니까? 가룟 유다는 반대를 해놓고 깨닫지를 못했습니다. 예수님이 콕 집어 알려주셔도 알아듣지를 못했습니다(요 13:21-30). 사람의 일 곧 '나'에서, '내 생각'에서 빠져나오지를 못했습니다. '나'를 내려놓지 못한 것입니다. 하지만 베드로는 깨닫고 회개하고 돌아오더라는 것입니다(눅 22:54-62).

'우리는 그를 통하여 은혜를 힘입어 사도의 직분을 받았습니다.'(5a). 저는 목회자로 직분을 받았습니다. 부목사들도 그렇습니다. 장로님들은 장로로서 그 직분을 받으셨습니다. 권사도 안수집사도 마찬가지로 직분을 받으셨습니다. 하지만 직분자가 말씀을 모르고 기도를 안 하면 엄청나게 부딪치게 되어 있습니다. 교회에 본보기가 되어야 할 분들이 오히려 하나님의 일 반대쪽에 서서 교회를 치게 된다는 것입니다. 교회가 무엇입니까. 교회는 그리스도의 몸입니다. 교회의 머리는 예수님이십니다. 그런데 사람의 일, '나'에 빠지면 하나님의 일이 안 보입니다. 참 난감합니다. 주님이 부르신 목적이 무엇입니까. '그것은 우리가 그 이름을 전하여 모든 민족이 믿고 순종하게 하려는 것입니다.'(5b). 직분을 받은 사람은 예수님의 이름을 전해야 합니다. 복음을 전해야 합니다. 어디든지 전해야 합니다.

'여러분도 그들 가운데 들어 있어서, 예수 그리스도의 부르심을 받은 사람이 되었습니다.'(6절). 바울이 부르심을 받을 때 예수님은 바울에게 말씀하셨습니다. "사울아, 사울아, 너는 어찌하여 나를 핍박하느냐? 가시 돋친 채찍을 발길로 차면, 너만 아플 뿐이다."(행 26:14). '왜 핍박을 하느냐, 성령이 주시는 음성을 따라갈 생각을 안 하고 왜 그러느냐. 그래, 너만 괴로울 뿐이다.' 그 소리입니다. 우리가 만나를 먹으면 결단코 내 발을 아프게끔 가시 돋친 채찍을 찰 이유가 없습니다. 여러분들이 받은 직분을 가지고 이겨낼 수 있는 방법은 예수님을 믿는 것입니다.

> **예수그리스도께
> 부르심을
> 받은 사람들은
> 믿음으로
> 순종해야 합니다.**

예수님을 마음에 받아들이고 믿었다면 순종하게 되어 있습니다. '나는 로마에 있는 모든 신도에게 이 편지를 씁니다. 하나님께서 여러분을 사랑하셔서, 그의 거룩한 백성으로 부르셨습니다.'(7a). 사랑입니다. 사랑하면 미움도 없어집니다. 그런데 상대방이 나를 미워하는 것은 어쩔 수가 없습니다. 그대로 기다릴 수밖에 없습니다. 하나님은 우리를 사랑하셔서 우리를 그의 거룩한 백성으로 부르셨습니다. 우리도 그 사랑으로 사랑해야 합니다. 사랑한다는 것은 영혼을 사랑하는 것이니 미움을 가지고는 하나님의 영성을 따를 수가 없습니다.

'하나님 우리 아버지와 주 예수 그리스도께서 내려주시는 은혜와 평화가 여러분에게 있기를 빕니다.'(7b). 축도 형식으로 인사말을 맺고 있습니다. 교회는 하나님의 뜻으로 되어서 이루어져 가는 것입니다. 일도 일찍 이루어지는 게 있고 더디 이루어지는 것이 있듯이 주님의 부르심도 우리 보기엔 이른 경우가 있고 늦은 경우가 있습니다. 하지만 하나님 보시기에 적절하신 때에 우리를 부르셨다고 저는 생각합니다. 우리 모두 살아 있는 믿음으로 순종하고, 기도와 말씀으로 늘 하나가 되어서 살아가는 은혜가 있기를 바랍니다.

창세기 3:14-19

14 주 하나님이 뱀에게 말씀하셨다. "네가 이런 일을 저질렀으니, 모든 집짐승과 들짐승 가운데서 네가 저주를 받아, 사는 동안 평생토록 배로 기어다니고, 흙을 먹어야 할 것이다.

15 내가 너로 여자와 원수가 되게 하고, 너의 자손을 여자의 자손과 원수가 되게 하겠다. 여자의 자손은 너의 머리를 상하게 하고, 너는 여자의 자손의 발꿈치를 상하게 할 것이다."

16 여자에게는 이렇게 말씀하셨다. "내가 너에게 임신하는 고통을 크게 더할 것이니, 너는 고통을 겪으며 자식을 낳을 것이다. 네가 남편을 지배하려고 해도 남편이 너를 다스릴 것이다."

17 남자에게는 이렇게 말씀하셨다. "네가 아내의 말을 듣고서, 내가 너에게 먹지 말라고 한 그 나무의 열매를 먹었으니, 이제, 땅이 너 때문에 저주를 받을 것이다. 너는, 죽는 날까지 수고를 하여야만, 땅에서 나는 것을 먹을 수 있을 것이다.

18 땅은 너에게 가시덤불과 엉겅퀴를 낼 것이다. 너는 들에서 자라는 푸성귀를 먹을 것이다.

19 너는 흙에서 나왔으니, 흙으로 돌아갈 것이다. 그 때까지, 너는 얼굴에 땀을 흘려야 낟알을 먹을 수 있을 것이다. 너는 흙이니, 흙으로 돌아갈 것이다."

6. 하나님의 선교적 교회 | (창 3:14-19)

하나님의 선교는 창세기에서부터 이루어지는 것을 볼 수 있습니다. 하나님의 창조 사역의 본질은 에덴동산의 아담과 하와로부터 시작이 되는데, 그 두 사람으로 인해서 교회가 이루어진 것입니다. 아담과 하와의 가정을 시작으로 아브라함의 가정을 거쳐 오늘날 교회가 시작된 것입니다. 곧 가정이 교회입니다. 하나님께서는 아담과 하와의 가정에 모든 축복을 주셨습니다. 많은 축복을 주시고 먹고 싶은 대로 다 먹을 수 있게 하셨고 평화롭게 살라고 하셨습니다. 당시 에덴동산에는 죄가 뭔지 선이 뭔지를 몰랐습니다. 하지만 선과 악을 아는 나무의 열매만은 따 먹지 말라고 하셨습니다. 범죄를 저지르지 말라는 것이었습니다. 앞서 창세기 2장 16절에서 하나님이 아담에게 '동산에 있는 모든 나무의 열매는 네가 먹고 싶은 대로 먹어라. 내가 너희 마음대로 먹게 해줄게. 그러나 선과 악을 알게 하는 나무의 열매는 먹어서는 안 된다. 그것을 먹는 날에는 너는 반드시 죽을 것이다. 죄를 지으면 반드시 죽을 것이다.' 하신 것입니다.

사람의 불순종이 창세기 3장부터 시작됩니다. 뱀이 하와를 꾈 때 '너는 절대로 죽지 않는다'고 했습니다. 하나님께서는 반드시 죽는다고 하셨는데 죽지 않는다고 했습니다. 그리고 아담과 하와는 죽지 않았습니다. 그러면 하나님께서 거짓말을 하셨나요? 아닙니다. 영과 함께 우리의 육신도 영원히 살 수 있었는데 불순종의 범죄로 인하여 우리 육신은 흙으로 돌아가는 죽음이 들어오게 된 것입니다. 사람이 한 번 죽는 것이 정해져 버렸고 심판이 따르게 되었습니다(히 9:27). 그렇게 육은 죽음을 면치 못하게 되었고, 심판을 통해 우리는 영원한 형벌이나 영원한 생명으로 들어가게 된 것입니다(마 25:31-46). 그런데도 아담과 하와가 죄를 범하고 나서 하나님은 가죽옷을 지어 입혀주셨습니다(창 3:21).

결국에는 하나님께서 에덴동산의 문을 다 막아버렸습니다. 이렇게 성경은 육적인 것과 영적인 것을 같이 설명하고 있습니다. 저는 설교할 때 하나님의 말씀을 내 생각과 내 의지대로 하지 않고 항상 영적으로 하려고 합니다. 그런데도 제가 제일 구별하기 어려운 것도 바로 이런 것입니다. '죽을 것이다. 저 사람은 반드시 죽을 것이다.' 하고 응답해 주셨는데 안 죽었습니다. 내용인즉 그 사람은 결국 구원을 못 받는다는 것이었습니다. 영원한 형벌에 처해진다는 것입니다. 하나님의 일을 방해하는 사람은 절대로 구원을 못 받는다는 것이기도 합니다. 특히 본인이든 누구든 가정을 파괴하는 것은 악령의 짓입니다. 뱀은 아담과 하와 가정을 파괴했고 죄를 짓게 했습니다. 선과 악을 알기 전에는 살인이 뭔지 도둑질이 뭔지도 몰랐는데 인류 최초의 살인이 일어나게 하였습니다. 그들은 하나님의 말씀을 듣지 않았고 하와는 뱀의 꾐에 넘어갔기 때문입니다. 아담은 직접 하나님의 음성을 들었음에도 하와 때문에 그랬다고 핑계를 댔습니다. 하와도 뱀이 꾀어서 먹었다고 변명합니다. 그 중에 뱀이 가장 큰 저주를 받았는데, 그것은 사람을 꾀어 가정을 파괴하였기 때문입니다. 그래서 가정을 파괴하는 사람은 모두 살아남지 못합니다.

하나님의 천지 창조는 에덴동산에서부터입니다. 아담과 하와로부터 시작된 가정 교회와 땅으로부터 시작했습니다. 땅은 흙이고 흙은 땅입니다. 우리는 흙에서 왔고 흙으로 돌아갑니다. 그 땅과 사람의 관계가 시작되는 출발점이 에덴동산입니다. 그곳에서 하나님의 형상대로 창조된 사람이 하나님의 말씀에 불순종함으로 인해 타락하기 시작했습니다. 사람들은 모두 다 육이 죽는 것만을 중요하게 여깁니다. 하지만 반드시 그 뒤에 심판이 있다는 것을 무시하려 하거나 그저 그러려니 합니다. 심판에 따라 '영원한 형벌'이나 '영원한 생명'이 결정됩니다!! 세상의 육은 모두 다 죽습니다. 저도 마찬가지고 나이가 적든 많든 언젠가는 죽습니다. 그런데 제 영혼은 안 죽습니다. 내 육은 죽지만 내 영혼은 영원한 생명의 나라 곧 천국으로 갈 것이기 때문입니다.

저는 결단코 하나님을 배신하지 않을 겁니다. 은혜를 받고 지금까지 저는 차라리 이 자리에서 죽으면 죽었지 하나님을 배신하지 않게 해달라는 기도를 합니다. 사람하고도 신의가 있어야 하지만 하나님과 관계에서도 신의가 있어야 합니다. 또 제 자녀들도 저와 같이 신의를 어기지 않도록 해달라고 기도합니다. 그래서 리버트리스쿨에서도 신의를 벗어나 잘못된 길을 가르칠 이유가 없습니다. 교회를 다니기 전부터 부모님께 신의를 지켜야 한다고 배웠고 저 또한 그렇게 가르쳤습니다. 예수님을 믿고 나서는 첫째가 하나님이 나를 창조하신 것을 후회하시지 않도록 도와달라고 기도하는 것입니다. 제가 영성이 있을 때 저를 데려가시고 우리 아이들도 하나님의 영성이 있을 때 데려가 달라고 기도합니다. 교회를 개척하고는 성도들에게도 그렇게 가르쳤습니다. 그런데 성도들이 순종하지 않을 때가 많습니다. 담임 목사로서 저는 말씀을 올바르게 전하고 영성의 말씀을 전하려고 늘 애씁니다. 저는 잘못된 것으로 가르친 적이 없습니다. 그런데 영성을 말씀으로 가르치는데도 삐딱하게 듣고 말을 안 듣습니다.

'여자가 그 나무의 열매를 보니, 먹음직도 하고, 보암직도 하였다. 그뿐만 아니라, 사람을 슬기롭게 할 만큼 탐스럽기도 한 나무였다. 여자가 그 열매를 따서 먹고, 함께 있는 남편에게도 주니, 그도 그것을 먹었다.'(창 3:6). 하나님의 음성을 듣는 사람인 아담은 절대 먹지 말았어야 했습니다. 그러므로 교회에서는 불순종의 죄를 짓지 말라고 성도들을 가르쳐야 합니다. 하나님의 음성을 듣는 목회자라면 성도들이 죄짓지 못하게 막아야 합니다. 신학을 배운 목사가 가르쳐야 하고, 말씀을 배운 부모가 아이들을 가르쳐야 합니다. 그렇게 하지 못해서 출애굽 1세대가 무너지고 망하는 것을 볼 수 있습니다. 그 타락의 결과로 땅이 훼손된 것입니다. 그 결과 땅은 가시나무와 엉겅퀴를 소출로 내는 저주의 상태가 되었을 뿐만 아니라 땅은 뱀의 식물이 되고 말았습니다. 뱀은 악령을 상징하고 땅 곧 밭은 우리의 심령입니다. 여기에서 엉겅퀴를 내는 것입니다. 그래서 우리가 예수를 못 만나면 엉겅퀴가 돼서 사탄의 먹이밖에 안 된다는 것입니다. 사랑하는 성도 여러분, 잘 들으십시오. 교회를 아무리 다녀도 예수 그리스도를 만나지 못하면 엉겅퀴만 냅니다. 엉겅퀴를 내는 사람은 결국 뱀의 식물이 되고 마는 겁니다. 악령의 밥이 되고 맙니다.

본문 말씀입니다. '주 하나님이 뱀에게 말씀하셨다. "네가 이런 일을 저질렀으니, 모든 집짐승과 들짐승 가운데서 네가 저주를 받아, 사는 동안 평생토록 배로 기어다니고, 흙을 먹어야 할 것이다."'(14절). 너는 하나님의 사람을 꾀어 목회를 못 하게 방해하고 가정을 파괴했으니 저주를 받아 사는 동안에 평생토록 제대로 된 삶을 살지 못한다는 것입니다. 가난하게 살 것이며 악령의 밥이 된다는 겁니다.

"내가 너로 여자와 원수가 되게 하고, 너의 자손을 여자의 자손과 원수가 되게 하겠다. 여자의 자손은 너의 머리를 상하게 하고, 너는 여자의 자손의 발꿈치를 상하게 할 것이다"(15절). 예수님께서 오셔서 십자가로 승리하심을 의미합니다. 하지만 예수 그리스도를 만나지

> **창세기 3장 15절은 원복음입니다. 예수 그리스도께서 죄와 죽음으로부터 승리하신 복음의 출발입니다.**

못한 사람은 죽어서 구원에 이르지 못하고 영원한 형벌의 세계 곧 지옥으로 갈 것입니다. 어떤 경우도 살길이 없습니다. 하나님이 선포하신 말씀은 그대로 이루어집니다.

여자에게는 이렇게 말씀하셨다. "내가 너에게 임신하는 고통을 크게 더할 것이니, 너는 고통을 겪으며 자식을 낳을 것이다. 네가 남편을 지배하려고 해도 남편이 너를 다스릴 것이다."(16절). 주석에 의하면 이것은 여자가 남자에게 종속된다는 의미가 아니라, 하나님으로부터 받은 자기 남편의 권위를 아내가 정당한 것으로 인정해 준다는 뜻입니다. 남편과 아내는 그리스도를 두려워하는 마음으로 서로 순종해야 합니다. 아내는 남편에게 하기를 주님께 하듯이 해야 합니다(엡 5:21-22).

남자에게는 이렇게 말씀하셨다. "네가 아내의 말을 듣고서, 내가 너에게 먹지 말라고 한 그 나무의 열매를 먹었으니, 이제, 땅이 너 때문에 저주를 받을 것이다. 너는, 죽는 날까지 수고를 하여야만, 땅에서 나는 것을 먹을 수 있을 것이다. 땅은 너에게 가시덤불과 엉겅퀴를 낼 것

이다. 너는 들에서 자라는 푸성귀를 먹을 것이다."(17-18절). 아담 너 때문에 모든 후손은 저주받을 것이고 죽는 날까지 수고해야 한다는 것입니다. 지금도 남자는 여자의 말을 듣습니다. 그래서 우리는 죽는 날까지 엉겅퀴를 빼내야만 합니다. 방법은 바로 우리 주 예수 그리스도의 보혈을 의지한 회개입니다. 따라서 예수 그리스도를 만난 사람만이 저주를 피할 수 있습니다. 땅이 내는 것은 가시덤불입니다. 땅은 마음의 밭입니다. 농사를 짓는 분들은 아시겠지만 수고하지 않으면 가시덤불이 밭을 다 덮어서 먹을 것이 없게 된다는 것입니다. 이처럼 마음의 밭에서 회개하지 않고는 아무것도 못 얻습니다. 좋은 나무일지라도 좋은 열매를 맺지 못합니다. 사실상 구속사의 본질은 땅이 회복되는 것입니다. 구속사상 계약의 내용이 땅에 대한 약속에서 출발하기 때문입니다. 이것이 바로 선교이며 땅의 회복입니다. 선교라는 개념이 영토 확장이라기보다는 그 영토의 회복이며, 하나님의 통치의 회복에 무게중심을 두고 있기 때문입니다.

저의 은사와 사역은 가정과 자녀를 살리는 데 첫 번째 목적이 있습니다. 그래서 제가 처음 은사를 받고 한 것이 가정 사역이었습니다. 가정을 세우는 사역, 가정을 회복시키는 사역입니다. 그런 가정마다 가정을 파괴하기 위해 몸부림치는 사람이 꼭 있습니다. 저는 그럴수록 가정을 살리기 위해 몸부림을 쳤습니다. 그 가정마다 가정 파괴범 사탄이 들어 있었습니다. 마치 아담과 하와를 이간시키듯 부부 사이를 이간시켰습니다. 저는 가정 사역을 하면서 전도도 많이 했습니다. 제가 대전제일교회에서 전도를 많이 한 것도 한 가정을 전도해 오면, 가족이 많으면 육칠십 명은 순식간 전도 되었습니다. 가정을 전도할 때 먼저 엄마를 만나면 아빠를 만나게 되고, 아빠를 먼저 만나면 엄마를 만나게 됩니다. 아이들을 만나면 부모를 만나게 되면서 가정을 세우는 것을 오늘날까지 해왔습니다. 악령은 이걸 못 하게 하려고, 우리 교회에서 가정과 저를 파괴하기 위해서 그 사람들에게 엉겅퀴를 자라게 해서 말씀을 못 듣게 합니다. 그래서 하나님께 교회에 좋은 열매들을 보내달라는 기도를 할 수밖에 없었습니다.

"너는 흙에서 나왔으니, 흙으로 돌아갈 것이다. 그때까지, 너는 얼굴에 땀을 흘려야 낟알을 먹을 수 있을 것이다. 너는 흙이니, 흙으로 돌아갈 것이다"(19절). 이제 밭을 매고 엉겅퀴를 뽑아내야 먹을 것이 생긴다는 겁니다. 회개하고 마음에 있는 엉겅퀴를 빼내지 못하면 가정은 흐트러지고 영성도 회복이 안 됩니다. 그래서 부부 중에 한 사람은 깨어 있어야 합니다.

'아담은 자기 아내의 이름을 하와라고 하였다. 그가 생명이 있는 모든 것의 어머니이기 때문이다.'(20절). 그래서 제가 볼 때 여자가 깨어 있어야 합니다. 남자는 따라오게 돼 있습니다. 여자는 남자의 갈비뼈이기 때문입니다. 그리고 하나님께서는 아담과 하와에게 가죽옷을 지어서 입히셨는데, 그 옷은 천국까지 이어지게 하셨습니다. 땅을 회복시킬 수 있는 분은 예수님밖에 안 계십니다. 우리가 예수님을 만났을 때 엉겅퀴가 없어지도록 우리 안에 성령께서 반복적으로 회개를 시켜주심으로 마음이 회복되는 것입니다. 그래서 엉겅퀴를 가진 사람과는 어울려서는 안 됩니다. 그런 사람들은 교회에 머물러 있지 못합니다. 교회를 파괴하고 가정을 파괴하려는 그런 사람을 하나님께서 가만히 내버려두시지 않으십니다.

하나님께서는 예수님과 말씀을 접목하여 교회를 세우게 하시고 리버트리스쿨을 세우게 하셔서 지금의 아이들을 키우게 하셨습니다. 우리 자녀를 사탄에게 뺏기면 결국 엉겅퀴 속에서 교육받게 되는 아이들은 영원히 구원을 못 받고 버려지게 될 것입니다. 출애굽 1세대를 보십시오. 이스라엘 백성이 광야를 지나는 동안 그 1세대는 광야에서 다 죽었습니다. 여호수아와 갈렙 그리고 소수만 남았습니다. 이처럼 지금 이 시대의 여러분도 힘들고 어려워도 그다음 세대는 또 다르고, 그다음 세대는 또 다를 것입니다. 우리 가정과 교회는 세대를 거듭할수록 확장이 되어서 누구도 무너뜨리지 못할 것입니다. 왜냐면 주님께서 함께하실 것이기 때문입니다. 그리고 그다음 세대, 그다음 세대가 교회를 지켜나갈 겁니다.

> **선교는
> 복음을 전하고
> 제자를 양육하고
> 그리스도와
> 연합하는 것이다.**

예수님의 지상 명령이 바로 이런 것입니다. 선교는 그리스도와의 연합이기 때문에 세례를 주어 연합을 시켜야 합니다. 옛사람은 죽고 새사람이 되는 세례를 통해서 구체화됩니다. 따라서 세례는 그리스도를 통한 구속사의 정점이며 선교의 중심 주제입니다. 왜냐하면 땅에서 창조한 아담의 타락으로 훼손되었던 그 땅을 둘째 아담으로 회복시켰기 때문입니다. 거짓 예언자들은 우리 주변에도 수두룩하게 있습니다. 하나님께서 그들을 믿지 말라고 말씀하는 것은 가정을 파괴시키기 때문입니다. 그들은 여러분에게 '교회에서 나와라. 학교에 보내지 마라. 봉사도 하지 말라'고 할 것입니다. 그들은 양의 탈을 썼지만 속은 굶주린 이리떼입니다. 그래서 여러분의 가정을 파괴합니다. 그래서 예수께서 "너희는 그 열매를 보고 그들을 알아야 한다. 가시나무에서 어떻게 포도를 따며, 엉겅퀴에서 어떻게 무화과를 딸 수 있겠느냐? 이와 같이, 좋은 나무는 좋은 열매를 맺고, 나쁜 나무는 나쁜 열매를 맺는다. 좋은 나무가 나쁜 열매를 맺을 수 없고, 나쁜 나무가 좋은 열매를 맺을 수 없다. 좋은 열매를 맺지 않는 나무는, 찍어서 불 속에 던진다. 그러므로 너희는 그 열매를 보고 그 사람들을 알아야 한다." 말씀하셨습니다(마 7:15-20). 우리는 그들 주변 사람에게 좋은 열매가 있는지 잘 살펴보고 만나야 한다는 것입니다. 결국 교회를 파괴하는 것은 가정을 파괴하는 것이고, 가정을 파괴하는 것은 교회를 파괴하는 것입니다. 좋은 나무는 좋은 열매를 맺고 나쁜 나무는 나쁜 열매를 맺을 수밖에 없습니다. 예수 그리스도께서 주신 지상 명령은 주어진 하늘과 땅의 권세를 통한 땅의 회복이고, 그 증표의 핵심사역이 세례인 것입니다.

이 땅이 곧 우리의 마음입니다. 잊지 마시기 바랍니다. 첫째 아담은 잊어서 순종하지 못했고 둘째 아담인 예수 그리스도께서는 잊지 않고 순종함으로 땅을 회복시켜 주신 것입니다(롬 5:12-19). 그러니까 예수님을 만나지 않은 사람은 모두가 엉겅퀴로 인해서 하나님의 말씀이 들어가지 않고 진실을 볼 줄 모른다는 것입니다. 그래서 여러분들이 옳고 바른 진실을 보시려면, '주님은 그리스도시요. 살아 계신 하나님의 아들이십니다.' 하는 참 고백이 있어야 합니다(마 16:16). 제가 이것을 가르쳐주기 위해서 예수님의 사람들을 보호하는 것이고, 예수님도 하나님의 사람을 보호하는 것입니다. 오직 예수 그리스도를 통해 구원받으신다는 것을 잊지 마시기를 바랍니다. 거듭 말씀드리는 것은 선교는 그리스도와의 연합입니다. 살아 계신 하나님의 아들 예수 그리스도를 여러분 삶의 자리(Sitz im Leben)에서 믿음과 존재적인 삶으로 고백하십시오. 우리는 그분의 도구요 통로일 뿐임을 잊지 마십시오.

III
교육

마태복음 7:21-27

21 "나더러 '주님, 주님' 하는 사람이라고 해서, 다 하늘나라에 들어가는 것이 아니다. 하늘에 계신 내 아버지의 뜻을 행하는 사람이라야 들어간다.
22 그 날에 많은 사람이 나에게 말하기를 "주님, 주님, 우리가 주님의 이름으로 예언을 하고, 주님의 이름으로 귀신을 쫓아내고, 또 주님의 이름으로 많은 기적을 행하지 않았습니까?" 할 것이다.
23 그 때에 내가 그들에게 분명히 말할 것이다. '나는 너희를 도무지 알지 못한다. 불법을 행하는 자들아, 내게서 물러가라.'"
24 "그러므로 내 말을 듣고 그대로 행하는 사람은, 반석 위에다 자기 집을 지은, 슬기로운 사람과 같다고 할 것이다.
25 비가 내리고, 홍수가 나고, 바람이 불어서, 그 집에 들이쳤지만, 무너지지 않았다. 그 집을 반석 위에 세웠기 때문이다.
26 그러나 나의 이 말을 듣고서도 그대로 행하지 않는 사람은, 모래 위에 자기 집을 지은, 어리석은 사람과 같다고 할 것이다.
27 비가 내리고, 홍수가 나고, 바람이 불어서, 그 집에 들이치니, 무너졌다. 그리고 그 무너짐이 엄청났다."

야고보서 1:19-27

19 사랑하는 형제자매 여러분, 여러분은 이것을 알아두십시오. 누구든지 듣기는 빨리 하고, 말하기는 더디 하고, 노하기도 더디 하십시오.
20 노하는 사람은 하나님의 의를 이루지 못하기 때문입니다.
21 그러므로 더러움과 넘치는 악을 모두 버리고, 온유한 마음으로 여러분 속에 심어 주신 말씀을 받아들여야 합니다. 그 말씀에는 여러분의 영혼을 구원할 능력이 있습니다.
22 말씀을 행하는 사람이 되십시오. 그저 듣기만 하여 자신을 속이는 사람이 되지 마십시오.
23 말씀을 듣고도 행하지 않는 사람은 있는 그대로의 자기 얼굴을 거울 속으로 들여다보기만 하는 사람과 같습니다.
24 이런 사람은 자기의 모습을 보고 떠나가서 그것이 어떠한지를 곧 잊어버리는 사람입니다.
25 그러나 완전한 율법 곧 자유를 주는 율법을 잘 살피고 끊임없이 그대로 사는 사람은, 율법을 듣고서 잊어 버리는 사람이 아니라, 그것을 실행하는 사람인 것입니다. 이런 사람은 그가 행한 일에 복을 받을 것입니다.
26 누가 스스로 경건하다고 생각하면서도, 혀를 다스리지 않고 자기 마음을 속이면, 이 사람의 신앙은 헛된 것입니다.
27 하나님 아버지께서 보시기에 깨끗하고 흠이 없는 경건은, 고난을 겪고 있는 고아들과 과부들을 돌보아주며, 자기를 지켜서 세속에 물들지 않게 하는 것입니다.

7. 말씀을 실천하는 교회 | (마 7:21-27, 약 1:19-27)

언제나 말씀을 듣고 실천하는 것이 쉬운 일이 아닙니다. 우리는 늘 말씀을 듣고 실천하는 교회가 되기 위해서 최선을 다해 노력하고 또 자녀들하고 더불어 배워가는 그런 교회가 되었으면 좋겠습니다.

'그러므로 내 말을 듣고 그대로 행하는 사람은 반석 위에 자기 집을 지은 슬기로운 사람과 같다. 그러나 나의 이 말을 듣고서도 그대로 행하지 않는 사람은 모래 위에 자기 집을 지은 어리석은 사람과 같다.'고 합니다(마 7:24, 26). 반석 위에 지은 집은 예수 그리스도 위에 집을 짓는 것입니다. 모래 위에 지은 집은 지옥에다가 집을 짓는 어리석은 사람이라고 할 수 있습니다. 고린도전서 10장 4절에서도 바위를 그리스도라고 합니다. 모래 위에 집을 짓는 사람이나 반석 위에 집을 짓는 사람이나 집을 짓는다는 점에서는 실천하고 있다고 할 수 있겠습니다. 명백한 차이는 무엇입니까? 믿음으로 해야 한다는 것입니다. 믿음은 바라는 것들의 확신이요. 보이지 않는 것들의 증거이기 때문입니다. 그래서 선조들이 이 믿음으로 살았기 때문에 훌륭한 사람으로 증언이 되었다고 하는 것입니다(히 11:1-2).

최 목사(대전겨자씨교회 부목사)가 전주대학교에서 신학대학원을 다닐 때 어떤 검사를 했답니다. 그 결과를 두고 검사하신 분이 '이상하네?'라고 했답니다. 왜냐하면 태어날 때 부정적인 성향이 있었는데 누군가에 의해 긍정적으로 바뀌었다고 합니다. 최 목사가 '맞습니다. 저는 큰엄마(김영심 목사)에 의해서 부정적인 것이 긍정적으로 바뀌었다'고 말했답니다. 부정적인 것도 긍정적인 실천이 있으면 변화가 된다고 합니다. 저는 최 목사를 키우면서 늘 긍정적인 것을 가르쳤습니다. 부정적인 것을 가지고 태어난 최 목사는 어려서 아토피로 온몸이 가렵고, 밤이고 낮이고 몸을 문질러 주어야 했습니다. 그렇게 하여도 변하지 않았지만, 긍정적으로 태도를 바꾸고 나니 피부도 바뀌었던 겁니다.

하나님은 우리가 선과 악을 가지고 태어난다고 하십니다. 성령께서 제게, '너는 악을 가지고 태어났는데, 악이 우리에게 나무가 되어 꽃이 피고 씨를 맺고 열매가 열렸다. 그러면 그 자리에서 그 악을 아예 뿌리째 뽑고자 하느냐? 너는 어떻게 뿌리째 뽑으려고 하느냐?' 악은 뿌리째 뽑을 수가 없다는 것입니다. 하나님은 끝내 이 악의 열매가 열려서 쌓이고 쌓이는 것을 두고 보십니다. 회개하지 않고 악으로 달려가는 사람은 악을 모은다는 것입니다. 그것으로 심판을 하여 영원한 지옥 불에 넣는다고 하십니다. 또 우리에게 선도 있습니다. 선악이 있는데 어떤 사람은 선과 악이 5대 5일지라도 악을 버린다는 겁니다. 어떻게요? 말씀을 듣고 실천하려고, 선하게 살려고 꾸준히 노력해 나간다는 겁니다. 부모가 선을 가지고 있으면 자녀에게 선을 가르칩니다. 그렇게 선을 가르치며 꾸준히 선을 쌓아가는 사람은 마지막 심판대에서 천국에 가게 하신다는 것입니다.

저는 교회를 개척한 이후로 담임으로 목회를 하면서, 우리 교인들을 상담하며 말씀으로 끝없이 선을 행하도록 선과 악을 분별할 수 있도록 가르쳤습니다. 물론 저도 유교 집안에서 태어나 어려서는 예수님을 믿거나 교회를 다니지 않았지만, '왜 오빠는 술을 먹어? 왜 이런 나쁜 것을 해요?' 하며 대립하였습니다. 성경 말씀에 이것이 다 들어 있다는 것을 교회를 다니면서 알게 되었습니다. 농사짓는 법도 들어 있었습니다. 그래서 최선을 다해 선을 가르쳤고, 그 선을 실천할 수 있도록 했습니다. 실천해야 열매를 맺기 때문에 그랬습니다. 행함이 없는 믿음은 죽은 믿음이라는 말씀을 하셨습니다. 악은 가지가지 모양이 있었고 선도 가지가지 모양이 있었습니다. 하지만 선과 악을 가르치는 것은 너무 힘듭니다. 10년이 지나 겨우 변하는 사람이 있는가 하면 10년이 되어도 변하지 않는 사람이 있었습니다. 만약 제가 선을 행하지 않았다면 실천하라는 소리를 하지 못했을 것입니다. 우리 교회와 교우들은 자녀들도 선한 열매를 맺게 만들기 위해서 최선을 다해 여기까지 달려왔습니다. 하나님은 선과 악을 아는 나무를 통해 사람을 이렇게도 저렇게도 시험하십니다. 그 시험과 마지막 심판을 위해서 선과 악을 놓았다고 하십니다. 여러분들이 성경을 구약부터 신약까지 맥락을 짚으며 읽으시면 하나님은 꾸준히 선과 악을 실천하는지 테스트하셨다는 것을 알 수 있을 것입니다. 마지막까지 선을 행하려 노력할 때 면류관이 기다리고, 회개 없이 끝까지 악으로 가는 사람은 결국 지옥이 그 사람을 맞이하기 위해서 기다립니다.

행하는 믿음, 산 믿음을 위해 우리는 함께 최선을 다해 왔습니다. 선을 행하기 위해 몸부림을 칩니다. 우리는 심령 속에 선과 악에 대한 이원론적인 사상을 가지고 태어났지만 악을 버리기 위해서 최선의 노력을 합니다. 우리는 끝내 선을 향해 가고자 합니다. 한 분 하나님께서 하나님과 우리와 하나가 되기를 원하시기 때문입니다. 그렇게 하나님

> **믿음은 행하는 것입니다. 이것이 산 믿음입니다.**

은 우리를 택하셨습니다. 사람이 뒤바뀌고 성령을 받게끔 하는 것이 얼마만큼 힘이 드는지 모릅니다. 삼위일체 유일신 하나님을 섬기도록, 성령을 받은 사람으로 만들기 위해서 최선을 다해 회개시켰습니다. 이것이 정말 힘든 일인 것 같습니다. 그냥 교회에서 예배만 드리고 가시게 내버려 두면 참 좋겠는데, 제가 왜 그렇게 못하는지 저 자신을 책망하기도 합니다. 부모가 선을 알고 아이들에게 선을 물려주면서 하나님과 동행하는 삶을 사는 것을 볼 때도 있지만, 그렇지 못한 경우는 너무 안타깝습니다.

"나더러 '주님, 주님' 하는 사람이라고 해서, 다 하늘나라에 들어가는 것이 아니다. 하늘나라에 계신 내 아버지의 뜻을 행하는 사람이어야 들어간다."(마 7:21) 말씀은 선을 행하는 사람이어야 천국에 간다는 것입니다. 하나님은 선 더하기 선입니다. 우리는 절대로 선 더하기 선이 될 수가 없습니다. 그래서 아버지의 뜻을 행하는 사람, 말씀을 따라 실천하라는 것입니다. 오늘도 예배를 드리고서 말씀을 그냥 버리면 안 된다는 것입니다. 실천하여야 합니다. 잘못했다고 꾸짖으면 여러분은 고치려고 노력을 해야 합니다.

"그 날에 많은 사람이 나에게 말하기를 '주님, 주님, 우리가 주님의 이름으로 예언을 하고, 주님의 이름으로 귀신을 쫓아내고, 또 주님의 이름으로 많은 기적을 행하지 않았습니까?' 할 것이다. 그 때에 내가 그들에게 분명히 말할 것이다. '나는 너희를 도무지 알지 못한다. 불법을 행하는 자들아, 내게서 물러가라'"(22-23절). 우리는 말씀을 마음에 담고 실천해야 합니다. 말씀은 예수님께서 하신 말씀이어야 합니다. 실천도 그 '말씀대로' 그대로 실천해야 합니다(24, 26절 참조). 거짓 선지자와 같이 명목상의 '주님의 이름으로'는 오히려 저주가 될 뿐입니다. 우리는 바르게 알고 바르게 믿고 바르게 전해야 합니다. 하나님이 저를 목회자로 세운 것은, 아브라함이 후손들에게 하나님을 잘 가르칠 것 같아 택하신 것과 같이, 우리 교회 교인들을 가르치기 위해서 택하셨다고 생각합니다. 우리 교인들은 참 좋은 분들이 많이 계십니다. 악을 행하지 않기 위해서 노력하고, 100%는 아니지만 분별력을 가지고 계십니다. 그래서 선을 행하고자 최선을 다해서 노력합니다. 어떨 때는 이런저런 일로 서로 분별력 없는 말을 하다가도 잘못에 대해서는 서로 회개하고 고칩니다. 그래서 우리 교회는 반석 위에 지은 교회입니다. 내 위에다 지은 것도 아니고 여러분들 위에다 지은 것도 아닙니다. 예수 그리스도 위에, 말씀으로 예수 그리스도를 닮아가는 교회로 달려온 세월이 어느덧 20년이 되었습니다. 우리 교회에서 부모가 결혼해서 태어나 벌써 고등학생이 된 학생들도 있습니다. 이제 우리 교회는 어떤 어려움이 있어도 이겨낼 수 있는 교회가 된 것을 저는 믿습니다.

야고보는 '사랑하는 형제자매 여러분, 여러분은 이것을 알아두십시오. 누구든지 듣기는 빨리 하고, 말하기는 더디 하고, 노하기도 더디 하십시오. 노하는 사람은 하나님의 의를 이루지 못하기 때문'이라고 했습니다(약 1:19-20). 저를 고함치게 하는 것은 딱 한 가지뿐입니다. 왜 나쁜 일과 나쁜 말을 하느냐? 왜 나쁜 말을 듣고 나쁜 일을 그대로 하느냐? 왜 어둠의 영이 좋아하는 것을 하느냐? 왜 지옥에 가려고 하느냐? 제가 이것 때문에 소리를 크게 냅니다. 그렇지만 성령의 인도를 받으면 제 말도 잦아듭니다. 그리고 부드러워집니다. 하나님은 그런 하나님이시기 때문입니다. 그래서 하나님의 의를 이루어 드리라는 것입니다.

'그러므로 더러움과 넘치는 악을 모두 버리고, 온유한 마음으로 여러분 속에 심어주신 말씀을 받아들여야 합니다. 그 말씀에는 여러분의 영혼을 구원할 능력이 있기' 때문에 그렇습니다(21절). 말씀을 행하는 사람이 되라는 겁니다. 오늘이라도 마음에 받아들여 선을 이루라는 겁니다. 오른쪽 뺨을 맞으면 왼쪽 뺨을 내주고 오 리를 가자고 하면 십 리를 가주는 것도, 영혼을 구하기 위해서 어떤 경우도 미워하지 말라는 것입니다. 하루 해가 지기 전에 분을 풀라는 겁니다(엡 4:26). 인간이 어떻게 화를 내지 않겠습니까? 화를 내더라도 해가 지기 전에 풀어야 한다는 것입니다. 그래서 때로는 금식도 하며 한도 끝도 없는 회개를 하는 것입니다. 더군다나 영혼을 살리는 데 앞장서야 하는 목회자들은 미워하면 안 됩니다. 미워하면 목회자가 될 수가 없습니다. 때로는 미워할 수도 있겠지만 그러면 능력이 나가지 않습니다. 성령의 인도가 있지 못합니다. 남을 미워하면 어떻게 병든 자에게 기도하여 능력이 나타나겠습니까. 능력이 나타나지 않습니다. 저도 때로는 사람이 미울 때도 있습니다. 저도 사람이니까 그럴 수도 있지만 절대 미워하는 것을 길게 가져가지 못합니다. 그렇게 하지 않으면, 여러분을 놓고 대신 회개하거나 대신 기도할 수 없습니다. 이것이 선을 행하는 실천입니다. '말씀을 행하는 사람이 되십시오. 그저 듣기만 하여 자신을 속이는 사람이 되지 마십시오.'(22절). 설교를 듣거나 말씀을 읽고도 엉망으로 행한다면 그것은 자기를 속이는 것입니다. 말씀을 들었다면 그것을 실천해야 하는 것을 잊으면 안 됩니다. 이것이 '주님의 나라가 임하고 주님의 뜻이 하늘에서 이루어짐같이 땅에서도 이루어지기를' 바라는 것입니다.

이 글을 읽는 여러분은 적어도 '내가 선과 악을 가지고 태어났구나.' 그렇다면 '나는 악으로 달려가고 있나? 선으로 달려가고 있나?' 생각해 보아야 합니다. 만약 자기가 악의 길로 간다면, '있는 그대로의 자기 얼굴을 거울 속으로 들여다보기만 하는 사람과 같아서, 이런 사람은 자기의 모습을 보고 떠나가서 그것이 어떠한지를 곧 잊어버리는 사람입니다.'(23-24절) 반대로 선의 길로 가고 있다면, '그러나 완전한 율법 곧 자유를 주는 율법을 잘 살피고 끊임없이 그대로 사는 사람은, 율법을 듣고서 잊어버리는 사람이 아니라, 그것을 실행하는 사람인 것입니다. 이런 사람은 그가 행한 일에 복을 받을 것입니다'(25절).

그렇습니다. 끊임없이 노력해야 합니다. '하나님, 제가 밤사이 꿈으로라도 죄를 지었다면 용서해 주세요. 하루하루 제가 생활 속에서 선하게 살도록 가르쳐주시고, 잘못이 있었다면 용서해 주세요. 그때그때 내 마음에 선이 있는지 악이 있는지 가르쳐주세요.' 기도하면서 끊임없이 노력하는 사람만이 축복받을 수 있고, 그렇지 않으면 어렵다는 것입니다. 제가 교회 안에서 목회자로 사는 삶이 그렇지 못하다면, 제가 내 자신을 속이고 여러분에게도 저의 그런 삶이 비친다면 여러분도 저와 똑같이 자신을 속이며 살아갈 것입니다. 그래서 제가 다시 이야기합니다. 주님과의 관계는 나의 어떤 유익을 위해서 하지 마십시오.

예를 들어서 여러분이 교회에서 봉사하는 것이 자기 유익을 먼저 생각한 것이라면 하나님과 선한 관계로 만날 수가 없습니다. 제가 병 치유를 위해 여러분에게 기도할 때도 내 유익을 먼저 생각하지 않고 기도합니다. 봉사하시는 분들도 그렇게 교회 안팎을 쓸고 닦으면서 봉사할 때 예배 오신 분들이 깔끔한 마음으로 예배를 드릴 수 있고, 감사하는 마음으로 일할 때 하나님께서 복을 주신다는 것입니다. 만일 찬양하는 것이 나를 뽐내기 위해서라면 하지 말아야 합니다. 하나님께 찬양이 열납되지 않습니다. 저도 내 유익이 아니라 교인 누군가를 위해서 기도하여야만 하나님의 하늘 보좌를 움직이고 하나님이 영광을 받으신다는 사실을 믿기 바랍니다. 그런 사람이 반석 위에 집을 짓는 사람이고 의의 면류관과 천국의 삶을 누리고 있다는 것입니다. '정말 천국이 있어?' 하는 사람도 있습니다. 이것은 믿음이 관건입니다. 서두에 말씀드린 바와 같이 '믿음은 바라는 것들의 확신이요, 보이지 않는 것들의 증거입니다. 선조들은 이 믿음으로 살았기 때문에 훌륭한 사람으로 증언되었습니다.'라고 히브리서는 말합니다. 우리 믿음의 선조 아브라함 이삭 야곱 모세 그리고 노아도 그렇게 살았습니다. 그 믿음으로 반석 위에 집을 지으면 그 집은 비가 내리고 홍수가 나고 바람이 불어 들이쳐도 무너지지 않는다는 것입니다. 내 유익만을 구하면 집안에 환난이 있고 핍박이 있고 몸이 아플 수가 있고 사업이 망할 수도 있고 자녀들로 인해 어려움을 겪을 수도 있지만, 반석 위에 지은 집은 끄떡없다는 것입니다.

김 장로님을 위해 기도한 지 삼 개월이 지났습니다. 이제는 완전히 회복되셨습니다. 그런데 그 사이 가정에 이런저런 일이 있었습니다. 아버님이 아흔 살이 넘으셨는데 얼마나 간지럼을 타시는지, 옷 위에나 이불 위에 손을 얹어도 간지러워서 괴롭다고 한답니다. 옆에서 듣던 최 장로님이, '그 정도로 간지럼을 타면 그건 병이잖아?' 하는데, 병이라는 말에 믿음이 생겼습니다. 하나님이 '병자에게 손을 얹고 기도하면 나으리라' 하셨으니까, 나는 이 간지럼 병을 없애 달라고 기도해야겠다고 생각했습니다. 병원에 가서 보니, 간호사들이 실랑이하고 있었습니다. 어르신이 간지럽다고 피를 뽑아야 하는데 손을 못 대게 하시고 옷을 입혀야 하는데 손을 못 대게 하신답니다. 의사가 와서 왜 저러시는지 이상하게 보는데 간지럼을 타서 저러신다고 이야기했습니다. 그리고 기도를 해드렸습니다.

기도하고 나서, 하나님은 이제 간지럼이 없어졌다고 하셨는데 그 뒤부터 달라지셨습니다. 넘어지셔서 뼈가 이상이 있으셨는데 무릎과 가슴에 손을 얹고 기도해도 문질러 보아도 간지럼을 안 타셨습니다. 부인께서 자기도 무릎에 손을 못 얹게 하셨다는데 목사님이 어떻게 손을 얹느냐고 놀라셨습니다. 간지럼도 병이구나 믿고 기도했더니 간지럼이 없어지더라는 것입니다. 우리 하나님은 능치 못할 일이 없으십니다. 이렇게 집안에 이런저런 일이 있었습니다. 장로님은 병원에서 누군가에게 간호받아야 하고, 부모님이 편찮으시고 제수도 병으로 힘들어하니 집안이 어땠겠습니까? 그리고 김 장로님이 누군가의 도움이 필요했던 것은, 2019년도 건강검진 결과 위암 2기로 판정되었기 때문입니다. 처제가 근무하는 건강검진센터에서 나온 결과다 보니, 가족들의 충격은 더 하였습니다. 제가 기도를 해본 바로는 이미 온몸으로 암이 퍼져 있는 상태였습니다. 이렇게 연단은 언제나 동시에 일어납니다. 아내인 이 권사님도 2004년에 척추관 협착증과 유방암 수술 등으로 어려움을 겪던 중에, 급성 백혈병으로 무균실에서 갖은 고초를 겪으신 적이 있었습니다. 그때도 하나님께서는 백혈병이 아니라는 응답을 주셨고, 대동맥에서 지혈이 되지 않는 사고를 예견하여 주셨습니다. 그래서 전화로 전했었습니다. 그때도 권사님은 하나님의 말씀에 순종하셨습니다. 그래서 병원의 만류를 뒤로하고 퇴원하여 기도로 치료하였습니다. 권사님은 지금도 건강하게 예배 위원으로서 봉사하고 계십니다. 그렇게 반석 위에다 집을 지었더니 가정의 이런 어려움 속에서도 장로님은 믿음으로 수술받지 않고 제게 기도를 받겠다고 하셨습니다. '하나님을 믿습니다. 목사님을 신뢰합니다. 기도 받겠습니다.' 이런 믿음이 예수님 위에 말씀으로 집을 짓는 것입니다. 그래서 비바람이 불고 홍수가 나고 집에 일이 생겼지만 싹 없어지고 단단히 서더라는 것입니다. 그렇지 못한 사람은 한 가지 일로도 넘어집니다. 그 집안은 신앙에 서지도 못하고 교회를 안 나온다고 할 것입니다. 교회만 안 나옵니까? 가족들이 뿔뿔이 흩어질 것입니다. 이렇게 우리 교회는 예화가 필요 없이 산 간증이 있습니다.

> **우리는 반석 위에 집을 지어야합니다. 대전겨자씨교회는 반석 위에 지은 집입니다.**

오늘 우리 교회는 반석 위에 지은 집이므로 어떤 일이 있어도 흔들리지 않습니다. 이 땅을 살아가는 동안 반석 위에 집을 짓기를 바랍니다. 영원히 그럴 줄로 믿습니다. "그러나 나의 이 말을 듣고서도 그대로 행하지 않는 사람은, 모래 위에 자기 집을 지은, 어리석은 사람과 같다고 할 것이다."(마 7:26). 쓰나미와 같은 지옥을 경험한다는 것으로 완전히 무너진다는 것입니다.

야고보서 1장 26절입니다. '누가 스스로 경건하다고 생각하면서도, 혀를 다스리지 않고 자기 마음을 속이면, 이 사람의 신앙은 헛된 것입니다.' 악을 실천하는 사람은 헛된 신앙생활을 하는 것입니다. '하나님 아버지께서 보시기에 깨끗하고 흠이 없는 경건은, 고난을 겪고 있는 고아들과 과부들을 돌보아주며, 자기를 지켜서 세속에 물들지 않게 하는 것입니다.'(27절). 자기 마음을 속이고 혀를 다스리지 못한 사람은 결국은 반대로 가는 겁니다.

'지혜로운 여자는 집을 세우지만, 어리석은 여자는 제 손으로 집을 무너뜨린다.'고 했습니다(잠 14:1). 우리도 말씀에 굳게 서서 선을 차곡차곡 쌓아야 합니다. 악을 쌓은 사람은 자신과 가정을 파괴합니다. 비와 홍수와 바람이 집을 무너뜨리고 그 무너짐이 엄청나다는 것은 쓰나미처럼 쓸어버려 가정이 완전히 파괴된다는 것입니다. 이 시대의 교회와 목회자도 똑같지 않습니다. 목회자가 어떻게 말씀을 실천하고 누구의 말씀에 따라 교회를 세워 가는지 그 차이는 엄청납니다. 우리 교회는 스스로 선을 행하며 살기 위해서 끊임없이 노력해야 합니다. 주님은 우리에게 모래 위에다가 집을 짓지 말라고 하십니다. 반석 곧 예수 그리스도 위에다가 집을 짓는 사람은 끊임없이 선을 실천해 나간다는 것입니다. 우리 자신에게 어떠한 일이 있어도 하나님이 하라고 하시면 그대로 행해야 합니다. 왜냐하면 하나님은 우리에게 어떤 시련과 고난도 감당할 수 있는 시험을 주시기 때문입니다. 실천하는 믿음이 산 믿음입니다. 우리 각자 삶의 자리에서 주님의 뜻이 하늘에서 이루어짐같이 땅에서도 이루어지기를 바라며 선을 위해 노력하고 끝까지 이겨내는 교회가 되기를 바랍니다.

> "시련과 고난은 장차 받을 영광과 비교할 수 없습니다. 시련과 고난을 이기고 실천하는 믿음으로 사는 사람들이 성도입니다.

창세기 18:19

19 "내가 아브라함을 선택한 것은, 그가 자식들과 자손을 잘 가르쳐서, 나에게 순종하게 하고, 옳고 바른 일을 하도록 가르치라는 뜻에서 한 것이다. 그의 자손이 아브라함에게 배운 대로 하면, 나는 아브라함에게 약속한 대로 다 이루어 주겠다."

신명기서 6:1-9

1 "이것은 주 당신들의 하나님이 당신들에게 가르치라고 나에게 명하신 명령과 규례와 법도입니다. 당신들은 건너가서 차지할 땅에서 이것을 지키십시오.
2 당신들이 주 당신들의 하나님을 경외하며, 내가 당신들에게 명한 모든 주님의 규례와 법도를 잘 지키면, 당신들과 당신들 자손이 오래오래 잘 살 것입니다.
3 그러니 이스라엘 자손 여러분, 이 모든 말을 듣고 성심껏 지키면, 주 당신들 조상의 하나님이 당신들에게 약속하신 대로, 젖과 꿀이 흐르는 땅에서 당신들이 잘 되고 크게 번성할 것입니다.
4 이스라엘은 들으십시오. 주님은 우리의 하나님이시요, 주님은 오직 한 분뿐이십니다.
5 당신들은 마음을 다하고 뜻을 다하고 힘을 다하여, 주 당신들의 하나님을 사랑하십시오.
6 내가 오늘 당신들에게 명하는 이 말씀을 마음에 새기고,
7 자녀에게 부지런히 가르치며, 집에 앉아 있을 때나 길을 갈 때나, 누워 있을 때나 일어나 있을 때나, 언제든지 가르치십시오.
8 또 당신들은 그것을 손에 매어 표로 삼고, 이마에 붙여 기호로 삼으십시오.
9 집 문설주와 대문에도 써서 붙이십시오."

8. 아브라함을 택하신 이유 | (창 18:19, 신 6:1-9)

저는 우리 교인들에게 하나님이 왜 나를 택했는지 모르겠다고 여러 번 말씀드렸습니다. 저는 이해가 안 갔습니다. 왜냐하면 저희 집안이 대대로 내려오는 종갓집이라서 제사만 지내고, 시댁도 늘 제사를 지냈기 때문입니다. 또 아버지께서는 허구한 날 우리를 데리고 앉아서 족보를 가르치셨는데 결혼을 했더니 시아버님도 족보를 가르치셨습니다.

바울은 빌립보서 3장 5절에서 "나는 난 지 여드레만에 할례를 받았고, 이스라엘 민족 가운데서도 베냐민 지파요, 히브리 사람 가운데서도 히브리 사람이요, 율법으로는 바리새파 사람이요"라고 자신의 계보를 밝힌 바 있습니다. 일명 족보라고 할 수 있지만 우리와 같은 우상숭배의 족보는 아닙니다. 하지만 제가 귀에 딱지가 앉도록 배운 것은 우상숭배의 족보입니다.

그런데 왜 하나님은 저를 택하신 걸까요? 하나님을 만나고 나서 저는 많이 울었습니다. 너무너무 억울할 정도로 우상숭배를 했기 때문입니다. 그런 어느 날 하나님께서는 저에게 아브라함을 가르쳐주셨습니다. 아브라함도 우상숭배 하는 집안에서 태어났다는 것입니다. 그리고 왜 택하셨는지 가르쳐 주셨습니다. 창세기 18장 19절 딱 한 절이었습니다. "내가 아브라함을 선택한 것은, 그가 자식들과 자손을 잘 가르쳐서, 나에게 순종하게 하고, 옳고 바른 일을 하도록 가르치라는 뜻에서 한 것이다. 그의 자손이 아브라함에게 배운 대로 하면, 나는 아브라함에게 약속한 대로 다 이루어 주겠다."

저는 그때 우상을 버렸습니다. 정말 철저하게 버렸습니다. 기도할 때마다 '예수 그리스도, 유일신 하나님 그리스도 십자가의 피'를 부르짖었고, 이것이 내게 들어오지 않으면 기도를 안 할 정도로 귀신의 역사를 버리기 시작했습니다. 저는 제가 우상의 어둠과 귀신에게 순종하느니 차라리 죽겠다고까지 했습니다. 그렇게 예수님을 영접하면서 주님에게 몰두하기 시작했습니다. 그리고 아이들에게 하나님을 가르쳤습니다.

하나님은 모세에게도 백성들을 가르치라고 신명기서 6장에 명하셨습니다. "이것은 주 당신들의 하나님이 당신들에게 가르치라고 나에게 명하신 명령과 규례와 법도입니다. 당신들은 건너가서 차지할 땅에서 이것을 지키십시오. 당신들이 주 당신들의 하나님을 경외하며, 내가 당신들에게 명한 모든 주님의 규례와 법도를 잘 지키면, 당신들과 당신들 자손이 오래오래 잘 살 것입니다."(신 6:1-2) 저는 이런 하나님의 약속을 단 한 번도 의심해 본 적이 없습니다. 왜냐하면 성경은 그대로 이루어진다는 것을 알기 때문입니다. 그래서 애들에게는 축복받으려고 따로 노력할 것 없다고 말했습니다. 그리고 '너희는 오로지 기도해라. 자기를 낮춰라. 교만하면 하나님이 물리치신다. 그래서 오직 주님을 경외할 때 너희가 축복받을 것이다.' 하고 가르쳤습니다. 축복은 오직 주님께서 주신다고 가르쳤습니다.

"그러니 이스라엘 자손 여러분, 이 모든 말을 듣고 성심껏 지키면, 주 당신들 조상의 하나님이 당신들에게 약속하신 대로, 젖과 꿀이 흐르는 땅에서 당신들이 잘 되고 크게 번성할 것입니다"(3절). 주님의 규례와 법도를 온 마음으로 잘 지키면 젖과 꿀이 흐르는 땅을 주시겠다는 것입니다. 하나님께서는 이스라엘 백성에게 젖과 꿀이 흐르는 땅을 주신 것처럼 저에게 지금의 학교(기독대안학교인 '리버트리스쿨') 땅을 주셨습니다.

"이스라엘은 들으십시오. 주님은 우리의 하나님이시요, 주님은 오직 한 분뿐이십니다. 당신들은 마음을 다하고 뜻을 다하고 힘을 다하여, 주 당신들의 하나님을 사랑하십시오"(4-5절). 이 구절은 한 율법학자가 예수님께 가장 큰 계명이 무엇이냐고 물었을 때도 인용하신 구절입니다(막 12:28-30). '들으라(שמע 쉐마)'는 귀 있는 자 되어 순종하라는 것입니다. 여러분도 들어야 합니다. 야훼 곧 주님은 우리 하나님이시고, 주님은 오직 한 분뿐이라는 것입니다. 삼위일체 유일신 하나님을 올곧게 알고 믿으라는 것입니다. 오늘날 우리도 영적으로는 이스라엘 백성입니다. 그리고 우리는 온 마음과 힘과 뜻을 다해 하나님을 사랑해야 합니다. 우리의 모든 것을 다 바쳐서 사랑해야 합니다. 저는 지치고 힘들 때마다 '아버지 사랑해요. 아버지 너무 힘들어요. 아버지 바르게 가르쳐 주세요. 도와주세요. 육의 아버지는 다 내려놓았습니다. 지난 과거입니다.' 하며 기도했습니다. 어떤 경우도 우상에 대한 것을 다 지우기 시작했고 하나님의 뜻을 따르기 위해서 최선을 다했습니다.

"내가 오늘 당신들에게 명하는 이 말씀을 마음에 새기고, 자녀에게 부지런히 가르치며, 집에 앉아 있을 때나 길을 갈 때나, 누워 있을 때나 일어나 있을 때나, 언제든지 가르치십시오"(6-7절). 머리에 새기라는 것이 아니고 마음에 새기라고 하십시오. 그 새긴 것을 자녀에게 부지런히 가르치라고 하십니다. 자녀는 부모가 아니라 예수님을 닮게 해야 합니다. 우리의 본이 될 분은 오직 예수입니다.

주님께 순종하는 부모의 삶이 자녀에겐 산 교육입니다. 부모가 잘못하면 아이들은 잘못하게 되어 있습니다. 참으로 우리나라 사람들은 반성할 것이 많습니다. 우리나라 문화는 무속적인 문화입니다. 조상신을 모시는 유교 문화입니다. 그래서 가문이나 족보를 가르칠 뿐 기독교 문화라고는 찾아볼 수 없습니다. 그래서 더욱 우리가 말씀대로 잘 가르치는 것은 아주 중요합니다. 우리는 언제나 어디서나 목숨 걸고 아이들에게 그리스도를 가르쳐야 합니다. 무속적이고 유교적인 문화의 잔재를 없애는 방법은 오직 말씀입니다. 그리고 예수님도 누누이 강조하신 바 '귀 있는 자'가 듣고 순종하는 것입니다.

> **신명기 6장을 쉐마라고 부릅니다. 자녀들을 어떻게 하나님 말씀 안에서 살아가야 되는지를 가르쳐주고 있습니다.**

"또 당신들은 그것을 손에 매어 표로 삼고, 이마에 붙여 기호로 삼으십시오. 집 문설주와 대문에도 써서 붙이십시오"(8-9절). 이것이 하나님의 뜻입니다. 아직도 이스라엘 사람들의 집 심지어는 호텔에까지 메주자(Mezuzah, 문설주라는 뜻)가 붙어 있는 것을 보고 많이 놀랐습니다. 역사적으로 이스라엘에게 하나님의 심판이 있었지만 하나님은 그들을 절대 안 버렸습니다. 그리고 우리는 원 가지가 아닙니다(롬 11장). 그래서 우리는 더욱 종교적으로 잘못된 모든 것들을 다 버려야 되지 않겠습니까? 철저하게 버리고 그리스도를 섬겨야 할 줄 믿습니다.

순종의 결과에 대하여 두 가지 경우를 보겠습니다.

첫째는 부모의 올바른 교육으로 축복받는 사무엘 이야기입니다. 어린 사무엘은 모시 에봇을 입고 주님을 섬겼습니다. '사무엘의 어머니는 해마다 남편과 함께 매년제사를 드리러 성소로 올라가곤 하였다. 그때마다 그는 아들에게 작은 겉옷을 만들어서 가져다 주었다.'(삼상 2:19). 사무엘 부모는 주님을 섬기는 아들의 의복에 정성을 다한 것으로 보입니다. 그리고 사무엘은 부모의 정성으로 자랐지만 엘리 제사장의 가르침을 잘 따른 것으로 보입니다. 오늘날 현실에 비추어 본다면, 예배를 위해 아이들을 옷차림까지 신경 써서 준비시키는 부모와 올바른 말씀으로 가르치는 교회와 목회자가 뜻을 같이할 때 자녀가 올바르게 성장하는 것이라고 볼 수 있습니다. 그래서 어린 사무엘은 커 갈수록 주님과 사람들에게 더욱 사랑을 받았습니다(삼상 2:26).

두 번째는 부모에게 순종하지 않는 자녀입니다. 바로 엘리 제사장의 아들들입니다. 여러분, 부모에게 순종하지 않는 자녀는 목회자에게도 순종하지 않습니다. '엘리는 매우 늙었다. 그는 자기 아들들이 모든 이스라엘 사람에게 저지른 온갖 잘못을 상세하게 들었고, 회막 어귀에서 일하는 여인들과 동침까지 한다는 소문을 들었다. 그래서 그는 그들을 타일렀다. "너희가 어쩌자고 이런 짓을 하느냐? 너희가 저지른 악행을, 내가 이 백성 모두에게서 듣고 있다. 이놈들아, 당장 그쳐라! 주님의 백성이 이런 추문을 옮기는 것을 내가 듣게 되다니, 두려운 일이다. 사람끼리 죄를 지으면 하나님이 중재하여 주시겠지만, 사람이 주님께 죄를 지으면 누가 변호하여 주겠느냐?" 아버지가 이렇게 꾸짖어도, 그들은 아버지의 말을 듣지 않았다. 주님께서 이미 그들을 죽이려고 하셨기 때문이다'(삼상 2:22-25). 엘리 제사장의 아들들은 아버지의 말을 듣지 않았습니다. 주님께서 그들을 죽이려고 하셨다는 것은 그들의 불순종 말을 안듣게 내버려두셨다는 것입니다.

부모의 입장에서 보면 엘리 아들들의 불순종은 엘리가 그들의 악행을 알았지만 결국 방치한 결과라고 볼 수 있습니다. 아들들의 행위는 절대 간과할 수 없는 무서운 죄인데 엘리 제사장은 그냥 지나갔습니다. 엘리는 아들들을 엄하고 강하게 꾸짖질 않았다는 것입니다. 종아리를 때려서라도 아들들을 말렸어야 했습니다. 회초리를 들어 징계하는 것이 사랑이지 미운 놈 떡 하나 주듯이 자식이 어떻게 살든 내버려두겠다는 것은 사랑이 아닙니다.

오늘날 교회로 본다면 엘리의 아들들과 사무엘은 예배 위원입니다. 더군다나 엘리의 아들 홉니와 비느하스는 장차 아버지의 대를 이어 제사장 직분을 감당해야 할 막중한 위치에 있었습니다. 엘리는 막중한 위치에 있는 아들들을 하나님 말씀으로 훈계하고 잘 양육할 위치에 있었지만, 소홀히 한 것으로 보입니다. 부모가 자녀를 어떻게 가르치느냐에 따라 하나님과의 관계가 제대로 이어질 수도 있고 끊길 수도 있다는 것을 우리는 알아야 합니다.

또한 우리는 사무엘과 두 아들의 경우를 통해 예배에 참여하는 사람들의 상반된 자세를 볼 수 있습니다. 오늘날 우리는 모두 제사장입니다 (벧전 2:9). 그래서 오늘날 예배에 임하는 우리의 자세와 마음가짐은 더욱 엄중해야 합니다. 예배 위원만 예배드리는 게 아닙니다. 예배드리는 모두가 하나님 앞에서는 다 예배 위원입니다. 또한 예배를 받으시는 분은 오직 주님이십니다. 예배의 주인은 우리가 아니라 주님임을 명심해야 합니다.

> **아브라함의 선택은 자손대대로 하나님을 믿고 따르며 약속의 자녀들로 살아가도록 하기 위해서 입니다.**

하나님이 아브라함을 택하신 이유는 그의 자손 대대로 하나님께 순종하게 하려 하심입니다. 그의 자식들과 자손이 올바르게 살도록 하려 하심입니다. 우리 또한 우리 믿음의 후손들이 주님께 순종의 삶을 살도록, 올바르게 살도록 가르쳐야겠습니다. 우리 함께 연합하여 주님께 제대로 바르게 순종하고 또한 다음 세대를 잘 가르치고 잘 양육해야겠습니다. 우리가 그렇게 말씀대로 하면 주님은 아브라함에게 약속하신 대로 다 이루어 주시겠다고 하셨습니다. 주님이 주신 약속을 이루고 살아가십시다. 우리 교회 모든 성도가 주님 앞에 온전히 순종하며 연합한 삶이 되기를 축복합니다.

IV
봉 사

디모데전서 4:6-16

6 그대가 이런 교훈으로 형제자매를 깨우치면, 그대는 믿음의 말씀과 그대가 지금까지 좇고 있는 좋은 교훈으로 양육을 받아 그리스도 예수의 좋은 일꾼이 될 것입니다.

7 저속하고 헛된 꾸며낸 이야기들을 물리치십시오. 경건함에 이르도록 몸을 훈련하십시오.

8 몸의 훈련은 약간의 유익이 있으나, 경건 훈련은 모든 면에 유익하니, 이 세상과 장차 올 세상의 생명을 약속해 줍니다.

9 이 말은 참말이요, 모든 사람이 받아들일 만한 말입니다.

10 우리가 모든 사람 특히 믿는 사람의 구주이신 살아 계신 하나님께 소망을 두므로, 우리는 수고하며 애를 쓰고 있습니다.

11 그대는 이것들을 명령하고 가르치십시오.

12 아무도, 그대가 젊다고 해서, 그대를 업신여기지 못하게 하십시오. 도리어 그대는, 말과 행실과 사랑과 믿음과 순결에 있어서, 믿는 이들의 본이 되십시오.

13 내가 갈 때까지, 성경을 읽는 일과 권면하는 일과 가르치는 일에 전념하십시오.

14 그대 속에 있는 은사, 곧 그대가 장로들의 안수를 받을 때에 예언을 통하여 그대에게 주신 그 은사를 소홀히 여기지 마십시오.

15 이 일들을 명심하고 힘써 행하십시오. 그리하여 그대가 발전하는 모습을 모든 사람에게 나타나게 하십시오.

16 그대 자신과 그대의 가르침을 살피십시오. 이런 일을 계속하십시오. 이렇게 함으로써, 그대 자신도 구원하고, 그대의 말을 듣는 사람들도 구원할 것입니다.

9. 일하는 교회 | (딤전 4:6-16)

3부〈교육〉에서 말씀드린 '말씀을 듣고 믿음으로 실천하는 교회'는 반석 위에 세워진 교회입니다. 반석 위에 세웠다는 것은 비가 오고 홍수가 나도 안 무너진다는 것입니다. 여러분 홍수로 집이 무너진다면 모든 소유를 잃게 되고 또 생명까지 잃게 됩니다. 광주에 건설 중인 한 아파트 일부분이 와르르 무너지는 사건이 있었습니다. 어떻게 지었는지 뭉텅이로 떨어지는 게 아니라 가루가 되어 무너졌습니다. 너무 충격이 었습니다. 사람이 죽고 또한 개를 동원해서 시신을 찾는 것을 보고 많이 놀랐습니다.

그리고 뉴스를 보면서 전 장로님에 대한 기도가 되는 겁니다. '하나님, 장로님께서 건설 일을 하시는 데 어려움이 없게 해주세요.' 하고 기도를 드렸습니다. 그 순간 하나님께서 '네가 성령의 음성을 듣고 전해 주는 얘기를 그대로 따르고 순종을 하니까 걱정을 안 해도 된다'는 그런 응답을 주셨습니다. 그래서 장로님께서 하시는 일에 감사드리고 마음에 담고 있는데 우연히 장로님께서 교회에 오셨습니다. 선교에 대해서 할 얘기가 있던 참에 그 기도와 응답에 대한 얘기를 해 드렸습니다. 장로님께서는 '그렇지 않아도 회사에서 제가 세종시에 공원을 짓고 아파트를 지으면서 사고 한 번 없었는데, 어떻게 그렇게 했냐'며 얘기가 나왔답니다. 그래서 '공원을 지을 때, 우리 목사님을 두 번이나 모셔다가 예배를 드렸습니다.' 하고 말했다고 합니다. 그리고 보니 저와 부교역자들이 세종시에 공원을 지을 때 두 번을 갔었고 아파트를 지을 때는 한 번 현장으로 찾아가서 예배를 드렸습니다. 이것이 바로 하나님께 영광을 돌리는 것이 아니겠습니까? 예배를 드림으로 해서 사고가 안 났습니다. 장로님의 이러한 답변은 그리스도를 증거하는 것입니다. 우리가 어디를 가든 주님을 증거하며 높일 때 하나님께서도 우리를 높이십니다. 그래서 저는 우리 교회 장로님들에게 어떤 불미스러운 일들이 생기지 않도록 늘 마음을 졸이며 기도하는 것밖에 없는 것입니다. 물론 다른 사람들도 그런 일이 없었으면 좋겠습니다.

그런데 그 무너진 아파트의 모래가 왜 그렇게 푸석푸석했을까요. 요즘은 많은 재료가 부족하기도 해서 바다에서 모래를 긁어 오기도 한답니다. 그래서 그런 모래는 짠물을 빼야 하는데 빼지 않아서인 것 같습니다. 부교역자들하고 최 장로님과 얘기해 보았는데 시멘트가 미처 엉겨 붙지도 굳지도 않았는데 아파트를 연거푸 지어 올려서 무너질 수밖에 없었다는 것입니다. 저는 이것을 말씀으로 묵상해 보았습니다. 교회가 하나님이 주시는 말씀대로 하나로 연합하지 않고, 너 따로 나 따로 서로 분리되어 따로따로 행동한다면 어떻게 될까요? 교회는 무너질 수밖에 없습니다. 교회는 그래서 말씀과 더불어 삼위일체 하나님으로 하나가 되어야 합니다. 그래서 교회로 나오면 행복해야 합니다. 그리고 각 가정이 하나가 되어야 합니다. 가정이 하나가 되면 교회는 하나가 되게 되어 있습니다.

본문 전에 1절을 먼저 보겠습니다. '성령께서 확실히 말씀하십니다. 마지막 때에, 어떤 사람들은 믿음에서 떠나, 속이는 영과 악마의 교훈

> **예수 그리스도의 교훈은 믿음의 말씀을 따라 행하는 것입니다.**

을 따를 것입니다.' 말씀을 가르치고 또 가르치고 또 가르쳤는데 떠나더라는 것입니다. 마지막 때에 성령의 인도를 받지 않고, 그 영이 어떤 영인지도 모르고, 하나님의 영인지 악마의 영인지도 모르고 떠나더라는 것입니다. 본문입니다. '그대가 이런 교훈으로 형제자매를 깨우치면, 그대는 믿음의 말씀과 그대가 지금까지 좇고 있는 좋은 교훈으로 양육을 받아 그리스도 예수의 좋은 일꾼이 될 것입니다'(6절). 이것은 말씀으로 생활하게끔 하는 것입니다. 그래서 저는 아이들한테도 걸음을 똑바로 걷게 가르치기도 하는데, 걸음을 똑바로 걸으라는 건 '모든 행동을 똑바로 하라'는 것입니다. 가르쳐준 대로 똑바로 하라는 것인데 이 교훈이 예수 그리스도의 교훈이기도 합니다. 그런데 아무리 여기서 배웠어도 악마의 교훈을 따라가는 사람들이 있더라는 것입니다. 이 사람들은 결국 하나님이 원하는 대로 가지 않고 저주받은 대로 가게 된다는 것입니다. 그래서 저는 여러분들의 가정을 똑바로 세우라고 말씀드립니다. 그리고 여러분 각자가 먼저 똑바로 서야 합니다. 그래야 가정이 똑바로 서기 때문입니다. 또 교회 안에서 하나가 되어야 합니다. 삼위일체 하나님이 한 분이신 것처럼 하나가 되어야 합니다. 역으로 이간하는 사람이 되어서는 결코 안 됩니다. 이것이 교훈입니다.

우리 교회 청년에게 어떤 청년이 우리 교회를 안 다니는 이유를 이야기했답니다. 그 청년은 제가(목사님) 매일 자기에게 거짓말을 한다는 겁니다. 무슨 거짓말이냐면 병이 들었으면 병원에 가라고 해야지 왜 기도를 해주느냐 그리고 암이 나았다고 거짓말을 한다는 것입니다. 그랬더니 그 얘기 듣고 있던 어떤 분이 '그 목사님은 은사가 있으신가 보네. 은사를 받은 분들이 기도하면 낫는다.'고 하셨답니다. 그러니까 그 말을 듣고 그 청년이 깨닫고 우리 교회를 가겠다고 하였답니다. 그분이 얘기한 것은 '교회와 화합을 시킨 것'입니다. 그분은 믿음이 있고 부활하신 예수께서 제자들에게 믿는 사람들의 표징으로 '병든 사람에게 손을 얹은즉 나으리라'(막 16:17-18) 하신 교훈을 증거하신 분입니다.

여기에서 중요한 것이 있습니다. 바로 양육 받고 가르침 받는 사람의 태도입니다. 아무리 올바르게 가르쳐도 듣지 않으면 소용이 없습니다. 어둠의 영은 자꾸 '나'를 부추깁니다. 그래서 '내 생각'에 빠져서 듣지를 못합니다. 안타깝게도 예수님께서 누누이 강조하신 '들을 귀가 있는 사람'이 되지 못합니다. 말씀에 부디 귀 기울이십시오. 그 좋은 교훈을 좇아야 우리는 예수님의 좋은 일꾼이 됩니다. 예수님을 아는 지식이 가장 고상하여 자기의 모든 것을 배설물로 여긴 바울처럼 욕심을 부리지 않아야 합니다(빌 3:8). '나'를 내려놓게 해 달라고 기도하십시오. 무진 애를 쓰십시오. 그런데 세상 것을 모두 다 버리면 나는 어떻게 사는가 걱정합니다. 믿음 있게 살면 됩니다. 나는 못 해도 주님은 하십니다! 그러니 쉬지 말고 기도하십시오.

그래서 성령께서 함께하시는 하나님의 좋은 일꾼이 되려면 저속하고 헛된 꾸며낸 이야기들을 물리치라고 본문은 말합니다(7a). 어떤 사람은 품위 있는 말을 한다고 하면서 세상적인 말만 합니다. 하나님이 주신 좋은 말을 얼마든지 할 수가 있는데 저속한 얘기를 합니다. 말 한마디를 해도 보기 좋고 듣기 좋게 꾸며서 이야기합니다. 그런 수식어는 껍데기에 불과합니다. 그러면 알맹이는 결국 버려지게 됩니다. 그래서 그런 가정에 예배드리러 가면 말씀 전하기가 어렵습니다. 말씀이 알맹이인데 알맹이는 버려 버리고 껍데기만 가지려 하기 때문입니다. 그래서 '경건함에 이르도록 몸을 훈련하라'는 것입니다(7b). 저속한 것들 망령된 것들을 버리고 말씀과 더불어 참된 품위를 갖추라는 것입니다.

그런데 왜 경건한 삶을 가르쳤는데 경건한 것은 버리고 저속하고 망령된, 좋지 못한 그런 것을 따라갈까요? 마음으로 받아야 하는데 머리로만 받기 때문입니다. '아, 그렇구나!' 이해하는 데에서 멈춰버리기 때문입니다. 우리는 말씀을 받았으면 반드시 실천해야 합니다. 행위로 하지 않으면 잊어버리게 됩니다. 믿음에 행함이 따르지 않으면 죽은 것입니다(약 2:17). 저도 말씀을 듣고서 금방 잊어버릴 때가 많이 있습니다. 그래서 어떨 때는 기록을 합니다. 적고 또 적습니다. 그리고 하나님의 메시지를 받은 것을 그대로 실천하려고 늘 애씁니다. 그리고 저는 성령께서 주시는 것은 반드시 기억납니다. 그것은 하나님께 기도할 때 주시는 것이라 그렇습니다.

'몸의 훈련은 약간의 유익이 있으나, 경건 훈련은 모든 면에 유익하니, 이 세상과 장차 올 세상의 생명을 약속해 줍니다.'(8절). 경건 훈련은 믿음으로 사는 것입니다. 하나님께서는 언제나 믿음으로 사는 우리에게 건강을 주셔서 일을 하게 하십니다. 그래서 경건 훈련은 계속해서 해야 합니다. 또한 모든 면에 유익합니다. 하나님께서는 이 세상과 장차 올 세상의 영원한 생명을 약속해 주셨으므로 영적인 훈련이 몸의 훈련보다 우선한다는 것입니다. 영적인 단련만 하고 몸은 단련하지 말라는 것이 아닙니다. 우리의 단련의 목표가 무엇이냐는 것입니다. 주님을 위해서 운동을 해야 합니다. 주님을 위해서라면 영적인 운동을 하든 육

체적인 운동을 하든 그것은 좋은 것입니다.

제가 예전에 기도해 드린 목사님이 계십니다. 우리 교회에서 기도 모임을 같이 했던 목사님 중 한 분이십니다. 위암 3기였습니다. 제가 기도를 해드렸습니다. 그리고 단식도 하면서 위에서 암으로 발생한 것을 토하고 터져 나가고 하면서 건강해졌습니다. 그리고 제가 "목사님, 조심하세요. 목사님 기도가 좀 잘못됐습니다."라고 전해드렸습니다. 전에도 말한 적이 있는데 절대 자기는 그럴 리가 없다고 했습니다. 1년 전에도 "건강에 문제가 있습니다." 했는데 듣지 않았습니다. 그렇게 1년 후 위암 3기로 나타난 것이었습니다. 그때도 목사님은 자신이 위암일 수 없다고 부정했답니다. 왜냐하면 자기는 아침에 정확하게 7시에 밥을 먹고 점심도 정확하게 12시에 먹고 저녁도 정확하게 5시인가 6시가 되어서 밥을 먹었답니다. 그리고 아침에 운동을 꼭 한답니다. 그리고 교회가 시골이니까 산을 돌고 테니스도 치니까 자기 몸은 괜찮다는 것이었습니다. 그때 수술을 하려고 했는데 여기 하 목사님이 수술은 안 된다고 김영심 전도사님에게 기도를 받으라고 하셨답니다. 그때는 제가 전도사였습니다. 어찌 되었든 제게 기도를 받고 암이 터져 나와 토하고 나서 검사를 해보니까 위가 깨끗해진 겁니다. 그 후에 6개월마다 검사를 받는다고 하였습니다. 그런데 그때도 저는 "목사님, 아무리 6개월마다 검사를 해도 하나님 말씀에 순종하지 않으면 소용이 없습니다. 그리고 지금 목사님 기도가 잘못됐습니다."하고 말했습니다. 그런데 내가 전도사라서 그런지 그때는 말을 안 들었습니다. 그리고 검사해 보면 깨끗하다고만 하셨습니다. 그렇지만 암은 다른 데서 나옵니다. 기도해서 나은 그 자리에 다시 암이 오는 게 아니고 다른 데서 옵니다. 나는 이런 사람들을 수도 없이 봤습니다. 그래서 검사를 했는데 깨끗하다는 목사님께 '말씀 앞에 순종하지 않으면 다른 데서 암이 터진다'고 말씀드렸습니다. 결국 생각지도 않은 폐에서 암이 다시 생긴 겁니다. 그 뒤로 어떻게 하냐고 물어보시는데 "저는 못 합니다. 순종 안 해서 재발하는 데는 저도 어떻게 할 수가 없습니다. 아무리 운동하고 아무리 좋은 거를 먹어도 하나님하고 관계에 순종하지 않으면 소용이 없습니다." 말씀드릴 수밖에 없었습니다. 결국 그 목사님은 돌아가셨습니다. 암이 3년 후에 재발했는데 생각지도 못한 데서 재발했기 때문입니다.

이같이 믿음과 순종을 위한 하나님의 경건 훈련은 매우 중요합니다. 모든 면에 유익합니다. "주님께서는, 그가 병상에 누워 있을 때에도 돌보시며 어떤 병이든 떨치고 일어나게 하실 것이다."(시 41:3) 하셨기에, 설사 암이 온몸을 덮었어도 하나님과의 관계 속에서 경건한 삶을 사는 사람은 이 모든 것이 다 회복됩니다. 그리고 재발도 안 됩니다. 그렇지만 하나님께서 잡고 있는 흔적은 남아 있습니다. 피부는 최소한 7년은 지나야 완전히 없어집니다. 그리고 본인이 하나님과의 관계에서 경건한 삶을 살지 않으면 아무리 수술해도 다시 다른 데서 암이 나온다는 것을 기억해야 합니다. 몸의 훈련이 먼저가 아니고 영적인 훈련이 먼저라는 것입니다.

> **우리에게 경건 훈련은 믿음과 순종을 가져오게 합니다. 경건한 삶은 세속적 사회에서 영적 싸움에서 승리하게 합니다.**

'이 말은 참말이요, 모든 사람이 받아들일 만한 말입니다.'(9절). 하나님의 말씀은 참말입니다. 그래서 주님을 위해서 애쓰라는 것입니다. 좋은 일꾼이 되라는 것입니다. 예수 그리스도의 좋은 일꾼은 반석 위에다 집을 짓습니다. 이 반석 위에 짓는 집은 개인적으로는 곧 자기 몸으로서, 말씀 앞에 자기 몸을 세워나가야 한다는 것을 믿으시기 바랍니다. 우리 몸이 곧 거룩한 성전이요 그리스도의 몸이신 교회의 지체이기 때문입니다(고전 6:15-20). 교회는 또한 반석 위에 지은 교회로서 말씀 위에 서야 합니다. 말씀 안에서 생활로 옮겨야 합니다. 우리는 모두 실천이 꼭 따라야 할 줄 믿습니다. 생활로 실천하지 않으면 다 소용없습니다. 입으로는 얼마든지 합니다. 기독교만 하는 것이 아니고 불교 유교도 합니다. 그렇지만 그곳에는 구원이 없다는 사실을 알아야 합니다.

거듭 말씀드리면 좋은 일꾼은 주의 말씀을 생활로 실천하는 사람입니다. 가정에서 부모는 본이 되는 삶을 살아야 합니다. 그래서 교회에서 훈련한 좋은 교훈과 경건한 삶을 자녀들에게 올바르게 가르치고 행하게 해야 합니다. 그대로 순종하는 부모는 집에 가서도 아이들에게 그렇게 가르칠 것이고, 아이들은 한두 번 이럴 수도 있고 저럴 수도 있겠지만 따라오게 됩니다. 박 권사님이 주일마다 오지는 못합니다. 하지만 아이들은 권사님의 열심으로 여기까지 잘 따라왔습니다. 결국은 부모가 목사님 말씀을 잘 듣도록 가르쳤기 때문입니다. 더군다나 우리 교회는 하나님이 응답 주시는 것이기 때문입니다.

'우리가 모든 사람 특히 믿는 사람의 구주이신 살아 계신 하나님께 소망을 두므로, 우리는 수고하며 애를 쓰고 있습니다'(10절). 특히 하나님은 믿는 사람의 구주시기도 하시지만, 모든 사람의 구주이십니다. 그렇지만, 믿지 않는 사람에게는 구원이 없습니다. 다시말해, 믿는 사람에게만 구원이 있을 뿐입니다. 그리고 그 구주이신 살아 계신 하나님께 소망을 두기 때문에 우리는 수고하고 애써야 한다는 것입니다. 최선을 다해서 목숨을 걸고 일을 해야 한다는 것입니다.

교회의 예산은 어디에서 나옵니까? 교인들에게 베푸시는 하나님의 축복에서 나옵니다. 그래서 담임 목사인 저와 우리 부교역자들은 열심히 애써 기도하는 것입니다. 직장에 있는 분들이 안정되고 더 승진하도록 그리고 사업하는 분들이 사업 잘되도록 기도합니다. 그것이 교회의 예산을 높이는 것입니다. '교회에서 사용하는 모든 교인들의 십일조가 30배 60배 100배 축복을 받게 해주십시오.' 십일조가 하나님이 원하시는 데 사용될 때 하나님께서 교인들한테 축복을 주시기 때문입니다. 목적헌금도 그렇습니다. 하나님이 원하시는 대로 사용되어야 합니다. 그래서 교인들이 축복을 받으면 교회의 예산은 줄어들지 않고 갈수록 풍성해집니다. 달리 말씀드리면 하나님이 원하시는 대로 교인들이 헌금한 모든 헌금이 30배 60배 100배 올라가게끔 하는 것이 예산입니다. 이 예산이 얼마나 중요한 줄 아십니까. 그러니 우리는 제대로 된 십일조와 헌금을 하나님이 원하는 데에다 쓸 수 있도록 함께 하나님 앞에 제대로 이에 대해 기도하고, 좋은 일꾼이 되어 일을 해야 합니다. 그리고 우리 교회는 자율 헌금입니다.

'그대는 이것들을 명령하고 가르치십시오. 아무도, 그대가 젊다고 해서, 그대를 업신여기지 못하게 하십시오. 도리어 그대는, 말과 행실과 사랑과 믿음과 순결에 있어서, 믿는 이들의 본이 되십시오'(11-12절). 말씀대로 살라고 교인들에게 명령하고 가르치라는 것입니다. 그리고 목회자가 아무리 젊어도 목회자라는 것입니다. 장로님들 권사님들 안수집사님들이 디모데를 젊다고 무시하지 못하도록, 말과 행실과 사랑과 믿음과 순결에 있어서 오히려 믿는 사람들의 본이 되어야 한다는 것입니다. 그리스도의 좋은 일꾼은 모범이 되어야 합니다. 세상적인 수식어로 훌륭한 말을 한다 해도 소용없습니다. 하나님이 주시는 말과 행실로 바르게 해야 합니다. 그리고 거기에 사랑이 없으면 안 됩니다. 본이 되라는 것입니다. 이것은 목회자뿐 아니라 항존직 직분자와 모든 그리스도인이 그래야 합니다. 어떤 경우도 예수를 아는 사람은 모든 걸 다 버릴 수가 있어야 합니다. 학문도 권력도 다 버려야 합니다. 버릴 수가 있습니다. 그랬을 때 주님께서 우리를 높여주십니다.

'내가 갈 때까지, 성경을 읽는 일과 권면하는 일과 가르치는 일에 전념하십시오.'(13절). 에베소 교인들에게 말씀이 중심인 삶이 되도록 목회자로서 전심전력하라는 것입니다. 우리 모두 주님의 말씀이 우리 삶의 중심이 되기를, 귀 있는 자 되기를 소원합니다.

'그대 속에 있는 은사, 곧 그대가 장로들의 안수를 받을 때에 예언을 통하여 그대에게 주신 그 은사를 소홀히 여기지 마십시오.'(14절). 예언은 하나님의 메시지입니다. 우리는 그 메시지를 듣고 따라야 합니다. 성령의 인도하심을 따라야 합니다. 그러기 위해서 늘 깨어 기도해야 합니다. 또한 주시는 말씀을 듣고 그냥 묻어 두는, 소홀히 여김이 있어서는 안 되겠습니다. 행함이 수반되어야 합니다.

'이 일들을 명심하고 힘써 행하십시오. 그리하여 그대가 발전하는 모습을 모든 사람에게 나타나게 하십시오'(15절). 사랑하는 성도 여러분, 저 스스로가 말씀을 전한 대로 행동하지 않는데 여러분이 따른다면 저도 분별력이 없는 사람이고 여러분도 분별력이 없는 것입니다. 하지만 제게는 분별력이 있습니다. 그래서 어떤 일을 해결할 때도 분별력이 있게 합니다. 늘 진실을 알게 해 달라는 기도의 끈을 놓지 않는 한, 시간이 가면 갈수록 분별력은 더 있게 되고 발전하게 되어 있습니다. 분별력이 없는 사람들이 우리 교회가 말씀대로 사는 것이 이상하다고 합니다. 그래서 우리 교회에 등록하신 분 중에 한 분은 교회에 나오는 것을 1년을 망설였답니다. 그런데 와서 보니 좋은 교회였답니다. 그 이유가 그분이 전도 받을 때 은사 얘기만 해서 그렇습니다. 말씀대로 살려고 힘써 행하는 사람에게 거룩의 능력이 있고, 이것이 삶으로 주의 복음을 전하는 것입니다.

'그대 자신과 그대의 가르침을 살피십시오.'(16a). 목사와 항존직 직분자들은 자기 자신부터 살펴서 잘못된 것이 있는지 찾아야 합니다. 말은 행함으로 이어질 때 힘이 있습니다. 입으로만이 아니라 행함으로 우리의 믿음은 산 믿음이 되는 것입니다. '이런 일을 계속하십시오. 이렇게 함으로써, 그대 자신도 구원하고, 그대의 말을 듣는 사람들도 구원할 것입니다.'(16b). 그래서 참으로 그러한지 늘 자신을 살펴야 합니다.

> **예수의 좋은 일꾼이 되기 위해서 믿음의 행위와 실천을 잘 지켜 가야 합니다.**

다. 스스로 구원받지 못하는 행동을 하는 사람이 자녀와 옆에 있는 사람을 구원받게 해줄 수 있겠습니까? 목회자인 제가 저도 구원을 못 받는다면 교인들을 어떻게 구원받게 하겠습니까? 우리 모두에게 믿음에 믿음을 더하시는 주의 은혜가 충만하여 그리스도 예수의 좋은 일꾼이 되길, 거룩한 능력을 나타내길 간절히 바랍니다.

요한복음 12:20-26

20 명절에 예배하러 올라온 사람들 가운데 그리스 사람이 몇 있었는데,
21 그들은 갈릴리 벳새다 출신 빌립에게로 가서 청하였다. "선생님, 우리가 예수를 뵙고 싶습니다."
22 빌립은 안드레에게로 가서 말하고, 안드레와 빌립은 예수께 그 말을 전하였다.
23 예수께서 그들에게 대답하셨다. "인자가 영광을 받을 때가 왔다.
24 내가 진정으로 진정으로 너희에게 말한다. 밀알 하나가 땅에 떨어져서 죽지 않으면 한 알 그대로 있고, 죽으면 열매를 많이 맺는다.
25 자기의 목숨을 사랑하는 사람은 잃을 것이요, 이 세상에서 자기의 목숨을 미워하는 사람은, 영생에 이르도록 그 목숨을 보존할 것이다.
26 나를 섬기려고 하는 사람은, 누구든지 나를 따라오너라. 내가 있는 곳에는, 나를 섬기는 사람도 나와 함께 있을 것이다. 누구든지 나를 섬기면, 내 아버지께서 그를 높여주실 것이다."

10. 열매 맺는 교회 | (요 12:20-26)

    예수님은 우리를 위해서 죽으셨습니다. 그래서 그분은 많은 열매를 맺으셨습니다. 우리도 내가 죽지 않고서는 열매를 맺지 못합니다. 꽃이 진 자리에 열매가 맺습니다. 내가 죽는다는 것은 내 고집을 꺾는다는 것입니다. 나를 꺾지 않고는 결단코 많은 열매를 맺을 수 없고 천국도 갈 수가 없습니다. 이것이 진실입니다. 예수님이 십자가를 지시지 않았다면 오늘날 우리와 같은 많은 열매를 맺을 수 없었을 것입니다. 그런데 이단의 교주는 자기만을 섬기게 합니다. 그 결과 이단에 있는 사람들은 사람을 우상화 하고 섬기고 우러러보게 되는 것입니다. 그래서 그들이 이단인 것입니다. 그런데 교회 안에서도 두 신을 섬기는 이원론 사상을 가지고 있는 사람들이 있습니다. 하나님 외에 '나'라는 신입니다. 그러니까 가족들도 자기를 섬기라고 합니다. 아이들도 자기를 섬겨라 합니다. 하지만 내가 꺾여서 먼저 죽어야 우리는 전도도 할 수 있고 성령의 열매를 맺을 수가 있습니다.

    본문 전에 1절을 먼저 보겠습니다. '유월절 엿새 전에, 예수께서 베다니에 가셨다. 그곳은 예수께서 죽은 사람 가운데에 살리신 나사로가 사는 곳이다'(요 12:1). 예수님은 당신이 죽으러 가시면서도 나사로를 살

> 여러분에게
> 가장 귀한 가치는
> 예수님께
> 드리며 헌신하는
> 것입니다.
> 이것은
> 하나님 나라의
> 보화를
> 쌓는 것입니다.

리신 것을 보게 하십니다. '거기서 예수를 위하여 잔치를 베풀었는데, 마르다는 시중을 들고 있었고, 나사로는 식탁에서 예수와 함께 음식을 먹고 있는 사람 가운데 끼여 있었다. 그 때에 마리아가 매우 값진 순 나드 향유 한 근을 가져다가 예수의 발에 붓고, 자기 머리털로 그 발을 닦았다. 온 집 안에 향유 냄새가 가득 찼다.'(2-3절). 마리아의 이 행동은 온전한 순종을 얘기하고 있습니다. 이와 같이 모두가 유월절을 준비하고 있는 가운데 가룟 유다가 나서서 말합니다. "이 향유를 삼백 데나리온에 팔아서 가난한 사람들에게 주지 않고, 왜 이렇게 낭비하는가?"(4-5절). '그가 이렇게 말한 것은, 가난한 사람을 생각해서가 아니다. 그는 도둑이어서 돈자루를 맡아 가지고 있으면서, 거기에 든 것을 훔쳐내곤 하였기 때문이다.'(6절). 여러분 이렇게 돈에 대한 욕심은 굉장히 위험합니다. 여러분들 가정에서도 가룟 유다와 같은 생각을 가지고 돈을 많이 벌면 잘못된 길로 갈 수가 있습니다. 회사나 은행, 교회에서도 이런 사람이 돈을 관리하다가 일을 저지르는 것을 뉴스를 통해 많이 보았습니다. 사순절을 지나는 것이 저는 너무 어렵습니다. 사람의 영혼을 깨우는데 꼭 이때 무슨 일이 벌어지기 때문입니다. 그래서 우리 교회는 고난 주간에 릴레이 금식을 합니다.

목회자가 되고 나서 고난 주간이 돌아오기 전이면 사람의 영혼을 깨우는 데 정말 많이 힘들었습니다. 어떤 사람은 자기가 우상인데 우상인지도 모릅니다. 그래서 다른 사람들이 다 자기 말을 들어야 한다고 생각합니다. 그때는 목회자 말도 안 듣고 누구의 말도 안 듣습니다. 자기가 옳다고 하면서 목회자도 틀렸다고 합니다. 왜 그러겠습니까? 그 사람 자신이 우상인 것으로 드러나서입니다. 사순절 기간 중 고난 주간 첫날인 종려주일에 예수님께서 예루살렘에 입성을 하십니다. 여기 잔치는 그 바로 전날로서 고난 주간에 들어가기 위한 준비라고 할 수 있는데 가룟 유다가 벌써 여기서부터 돈 가지고 문제를 일으킵니다. 돈이 우상이 되는 사람도 교회를 다니며 예수님을 믿는다고 하지만 이 또한 이원론입니다. 그래서 역시 자기 말만 옳다고 하고 다른 사람 말을 안 듣습니다. 그 사람 자체가 우상입니다. 내가 죽어야 여러분 천국을 갈 수가 있는데 자기는 죽기 싫다는 것입니다. 자기는 안 죽겠다는 것입니다. 자기 고집을 꺾지 않습니다.

본문입니다. '명절에 예배하러 올라온 사람들 가운데 그리스 사람이 몇 있었는데, 그들은 갈릴리 벳새다 출신 빌립에게로 가서 청하였다. "선생님, 우리가 예수를 뵙고 싶습니다." 빌립은 안드레에게로 가서 말하고, 안드레와 빌립은 예수께 그 말을 전하였다. 예수께서 그들에게 대답하셨다. "인자가 영광을 받을 때가 왔다."'(요 12:20-23). 그리스 사람은 헬라 사람입니다. 그들이 예수님을 뵙고자 하자 예수님의 대답은 인자가 영광을 받을 때가 왔다는 것입니다. 예수님께서 십자가를 지시지 않으면 영광을 못 받으십니다.

"내가 진정으로 진정으로 너희에게 말한다. 밀알 하나가 땅에 떨어져서 죽지 않으면 한 알 그대로 있고, 죽으면 열매를 많이 맺는다"(24절). 예수님이 당신을 놓고 말씀하신 것입니다. '나는 밀알이다. 내가 죽어 열매를 많이 맺을 것이다. 그러니까 내가 십자가를 지고 죽을 것이다.' 그래서 죽고 부활하여 온 인류, 하나님이 많은 사람을 구원할 것이라는 말씀입니다. 하나님은 죄를 보고는 절대 용서를 안 하십니다. 그래서 예수께서 친히 희생양이 되셔서 우리 죄짐을 지셨습니다. 예수님이 밀알이 되어서 십자가를 지시는 것입니다.

"자기의 목숨을 사랑하는 사람은 잃을 것이요"(25a). 나는 죽고 주님이 사셔야 합니다. 나를 섬기는 것이 아니라 주님을 섬겨야 합니다. 그런데 대부분은 나는 안 죽으려고 합니다. 오히려 남 탓을 합니다. '네가 죽어야 돼. 네 잘못이야' 그럽니다. 하지만 내가 죽어야 합니다. 나를 죽이는 방법은 간단합니다. 내가 회개를 먼저 하는 것입니다. "하나님 제가 잘못했습니다." 그러면 살게 됩니다. 이것이 나를 죽이는 것입니다. "제 죄로 인해서 그렇습니다. 하나님 용서해 주십시오." 이렇게 할 때 예수님께서 이를 통해 영광을 받으십니다. 그런데 참 이상합니다. 사람들이 회개를 안 하려고 합니다. 고집을 안 꺾고 성경 말씀을 해도 안 듣습니다. 자기 말이 옳다는 것입니다. 하지만 여러분, 영광 받으실 분은 오직 주님이십니다. 내가 아닙니다!! 예수님은 세상이 끝날 때까지 교회를 통해서 영광을 받으실 것입니다. 그러려면 우리도 그리스도를 본받아 한 알의 밀알로서 땅에 떨어져서 죽어야 합니다. 온전히 부서져야 합니다. 내가 죽지 않으면 싹을 못 내고 열매를 못 냅니다. 자기 고집 곧 아집을 꺾지 않으면 죽지 못해서 열매를 못 맺습니다. 사랑하는 성도 여러분, 내가 죽어야 열매를 많이 맺습니다!! '네가 먼저 죽어라' 하지 마십시오. '네가 잘못이다' 하지 마십시오. 자기의 목숨을 사랑하는 사람은 내가 대우를 받아야 하고 나만 최고이고 예수님은 온데간데없어집니다. 이단들은 자기를 사랑하고 자기를 섬기라고 합니다.

이것이 이원론입니다. 교회에 나오는데 여전히 자기가 최고라고 하고 가정에서도 엄마가 됐든 아빠가 됐든 자녀가 됐든 자기를 최고라고 여기는 그 사람이 우상이 됩니다.

> **죽어야 사는 것이 복음입니다.
> 우리가 죽고, 섬기면 예수 그리스도가 살고, 교회가 살고 성도가 살아납니다.**

"이 세상에서 자기의 목숨을 미워하는 사람은, 영생에 이르도록 그 목숨을 보존할 것이다."(25b). 죽기 아니면 살기로 나를 내려놓으라는 것입니다. 아집(我執)을 꺾고 자기를 죽이라는 것입니다. 나는 별 볼 일 없다는 것입니다. 내게서 주님 빼면 나는 별 볼 일 없는 사람입니다. 제가 예수를 안 믿었다면 저는 정말 별 볼 일 없는 사람이었을 것입니다. 자기를 미워한다는 것은 나를 낮추는 것이고 자기 고집을 꺾는 것입니다.

"나를 섬기려고 하는 사람은, 누구든지 나를 따라오너라."(26a). 자기를 부인하고 자기를 죽이고 누구를 따르라고 했습니까? 예수님입니다. 그래서 '우리 교인들, 제 사람이 아닙니다'라고 하는 것입니다. 우리는 예수님의 사람입니다. 잘못된 사상과 자기를 우상화하는 지도자는 모든 사람을 자기 사람으로 만들어 버립니다. 그러니까 사람이 우상입니다. 잘못된 교리와 사상을 만드는 것은 사람이 그렇게 만듭니다. 그런데 저는 제가 주인이 아니라 예수님이 진짜 주인이시라고 말씀드렸습니다. 요한복음에 분명히 그렇게 기록되어 있습니다. 아버지의 사람을 누가 섬겼습니까? 예수님이 섬기셨습니다. 그리고 가룟 유다 외에는 아버지의 사람을 잃어버리지 않았다고 합니다(요 17:12). 그리고 저에게는 여러분들이 예수님의 사람들입니다. 예수님의 사람이니까 예수님께서 주시는 이 말씀대로 여러분들한테 어둠의 영이 머물지 못하도록 강하게 한 것입니다. 어둠의 영이 있으면 살아날 수가 없습니다. 그래서 여러분들을 살리기 위해서 최선을 다하고 있습니다.

"내가 있는 곳에는, 나를 섬기는 사람도 나와 함께 있을 것이다. 누구든지 나를 섬기면, 내 아버지께서 그를 높여주실 것이다."(26b). 예수님을 따르는, 예수님을 섬기는 사람만이 예수님과 함께 있게 됩니다. 그런 사람에게 변화가 옵니다. 그 변화된 사람을 통해서 주님이 영광을 받으시는 것입니다. 세 개의 십자가에 주목하십시오. 예수님이 십자가를 지실 때 좌우에 죄수들의 십자가도 있었습니다(눅 23:33). 사람들이 '십자가는 다 똑같지' 그럽니다. 죄인의 십자가는 물론 다 똑같습니다. 그런데 구원에 이르는 십자가, 예수님이 지신 십자가는 오직 하나뿐입니다. 이는 죄인의 십자가이며, 동시에 거룩한 십자가입니다. 예수님의 십자가를 정확하게 알고 기도하면 변화가 되어서 예수님을 배신할 리가 없습니다. 그런데 그리스도를 모르고 예수님의 십자가를 모르니까 아무 십자가나 끌어안습니다. 내 십자가인지 저 죄인의 십자가인지, 내가 죄인인지 저 사람이 죄인인지 모르고 십자가면 다 똑같은 줄 압니다. 요한복음1장 15절에 세례요한이 '그분은 사실 나보다 먼저(先)계신 분'이라고 증언합니다. 요한이 말한 예수님은 우리보다 먼저 계신분이며, 우리가 섬기고 따라야 할 분입니다.

여러분, 우리가 따르고 섬겨야 할 분은 오직 예수입니다! 예수님의 십자가, 그 온전하고 뜨거운 사랑을 바라보십시오. 그 십자가에 달리신 진짜 예수님을 섬길 때 다시 말씀드려서 예수님을 바르게 알 때, 바르게 믿고 바르게 전할 때, 예수님의 아버지께서 그를 높여주실 것입니다.

　사랑하는 성도 여러분, 저는 참으로 죄인 중의 죄인입니다. 나 같은 죄인이 없습니다. 정말입니다. 진실입니다. 제가 그러니까 죽을 때까지 내가 죄인인 것을 저는 못 버립니다. 이런 죄인을 살려주신 예수님만 높여드렸더니 저를 이런 강대상에 설교할 수 있도록 세워 주시고, 선교와 교육에 많은 일들을 하게 해주셨습니다. '아, 이것이 하나님의 은혜구나!!!' 놀라울 따름입니다. 그리고 그 은혜는 아직도 진행형입니다. 주님 만나 뵐 그 날까지 오직 푯대만 바라보고 나아가길 소원합니다(빌 3:14). 부디 예수님의 십자가를 바라보십시오! 그 놀라운 사랑을 새기십시오!! 그래서 자기 고집을 꺾고 자기를 버리고 주님의 십자가를 따름으로, 하나님 아버지께서 여러분들을 높여주는 그런 놀라운 은혜가 있기를 축원합니다.

"우리 모두 주님께 영광을 돌립시다."

디모데후서 2:14-26

14 신도들에게 이것을 일깨우십시오. 하나님 앞에서 그들에게 엄숙히 명해서 말다툼을 하지 못하게 하십시오. 그것은 아무 유익이 없고, 듣는 사람들을 파멸에 이르게 할 뿐입니다.

15 그대는 진리의 말씀을 올바르게 가르치는 부끄러울 것 없는 일꾼으로 하나님께 인정을 받는 사람이 되기를 힘쓰십시오.

16 속된 잡담을 피하십시오. 그것이 사람을 더욱더 경건하지 아니함에 빠지게 합니다.

17 그들의 말은 암처럼 퍼져 나갈 것입니다. 그들 가운데는 후메내오와 빌레도가 있습니다.

18 그들은 진리에서 멀리 떠나버렸고, 부활은 이미 지나갔다고 말하면서, 사람들의 믿음을 뒤엎습니다.

19 그러나 하나님의 기초는 이미 튼튼히 서 있고, 거기에는 "주님께서는 자기에게 속한 사람을 아신다"는 말씀과 "주님의 이름을 부르는 사람은 다 불의에서 떠나라"는 말씀이 새겨져 있습니다.

20 큰 집에는 금그릇과 은그릇만 있는 것이 아니라, 나무그릇과 질그릇도 있어서, 어떤 것은 귀하게 쓰이고, 어떤 것은 천하게 쓰입니다.

21 그러므로 누구든지 이러한 것들로부터 자신을 깨끗하게 하면, 그는 주인이 온갖 좋은 일에 요긴하게 쓰는 성별된 귀한 그릇이 될 것입니다.

22 그대는 젊음의 정욕을 피하고, 깨끗한 마음으로 주님을 찾는 사람들과 함께, 의와 믿음과 사랑과 평화를 좇으십시오.

23 어리석고 무식한 논쟁을 멀리하십시오. 그대가 아는 대로, 거기에서 싸움이 생깁니다.

24 주님의 종은 다투지 말아야 합니다. 그는 모든 사람에게 온유하고, 잘 가르치고, 참을성이 있어야 하고,

25 반대하는 사람을 온화하게 바로잡아 주어야 합니다. 그렇게 하면, 아마도 하나님께서 그 반대하는 사람들을 회개시키셔서, 진리를 깨닫게 하실 것입니다.

26 그들은 악마에게 사로잡혀서 악마의 뜻을 좇았지만, 정신을 차려서 그 악마의 올무에서 벗어날 것입니다.

11. 인정받는 일꾼 | (딤후 2:14-26)

　오랫동안 제가 참 많이 부른 찬양이 있습니다. 많은 분들이 좋아하는 찬양인데 바로 '주 예수보다 더 귀한 것은 없네'입니다. 예수님을 이 세상 부귀와 바꿀 수가 없습니다. 영 죽은 내 대신 돌아가신 예수 그리스도, 그분의 사랑을 잊지 못해서입니다. 나 같은 죄인을 불러주시고 택하여 주신 그 놀라운 사랑을 잊을 수가 없었습니다. 그래서 모든 세상의 즐거움, 부귀영화 그 어떤 것도 버려도 아까운 게 없게 되었습니다. 참으로 주 예수보다 더 귀한 것이 없었습니다. 은혜를 받고 나서 저에겐 이 찬양이 감동이었습니다. 그래서 오랫동안 이 찬양을 참 많이 불렀습니다.

> 예수 그리스도께
> 뿌리를 두는
> 사람은
> 어떤 세찬 바람이
> 불어도
> 흔들리지 않습니다.

　그러니까 어떤 유혹이나 어려움이 와도, 아무리 세찬 바람이 불어도 뿌리 깊은 나무가 흔들리지 않듯이 흔들리지 않을 수가 있었습니다. 이것은 오직 말씀이었습니다. 예수 그리스도였습니다. 사람이 아니라 하나님한테 인정받기 위해서, 어떤 어려움이나 시련이 닥쳐도 흔들리지 않을 수가 있던 뿌리는 바로 예수 그리스도이셨습니다. 그러다 보니까 저는 그 예수 그리스도를 증거할 수밖에 없었습니다. 저는 때로 궁금합니다. 항존직 받을 분들이 '누구에게 인정을 받고자 하는가?' 말로는 그리스도에게 인정을 받고자 해놓고 사탄에게 인정을 받는 그런 사람이 되면 참 곤란하지 않겠습니까. 그리스도에게 인정을 받는 교회 항존직들 또한 목회자들이 되었으면 참 좋겠습니다.

본문을 보기 전에 디모데후서 1장 1절부터 보겠습니다. 바울은 '하나님의 뜻으로 그리스도 예수 안에 있는 생명의 약속을 따라 그리스도 예수의 사도가 된 나 바울'이라고 서신 서두에 밝히고 있습니다(딤후 1:1). 바울은 그의 서신들 서두마다 이 말을 수도 없이 외칩니다. 그는 결혼도 포기하고 자신의 모든 삶을 내려놓고 예수 그리스도를 향해서 달려갔습니다. 그러면서 또 사랑하는 아들 디모데에게 편지를 쓰는데, '하나님 아버지와 우리 주 그리스도 예수께서 내려주시는 은혜와 자비와 평화가 그대에게 있기를 빕니다.' 하고 인사말을 맺습니다(2절).

바울은 후대를 키웠습니다. 제자를 키웠습니다. 예수 그리스도를 위해서 후대가 이어져야만 주님의 복음이 계속 증거가 되기 때문입니다. 열심히 후대를 키웠는데 그 중에 한 사람이 디모데입니다. 그래서 바울은 디모데에게 밤낮으로 주님의 은혜와 자비와 평화가 있기를 기도를 한다는 것입니다. 그리고 끊임없이 디모데를 기억하면서 조상들을 본받아 깨끗한 양심으로 섬기는 하나님께 감사를 드린다는 것입니다(3절). 저는 주님을 섬기는 모든 분들이 그렇게 깨끗한 양심으로 감사하는 삶을 살았으면 좋겠습니다.

'나는 그대의 눈물을 기억하면서, 그대를 보기를 원합니다. 그대를 만나봄으로 나는 기쁨이 충만해지고 싶습니다. 나는 그대 속에 있는 거짓 없는 믿음을 기억합니다. 그 믿음은 먼저 그대의 외할머니 로이스와 어머니 유니게 속에 깃들여 있었는데, 그것이 그대 속에도 깃들여 있음을 나는 확신합니다.'(4-5절).

> **눈물의 기도로 키운 후대의 자녀들은 믿음으로 살아가고, 깨끗한 양심으로 감사하며 살아갑니다.**

이 서신을 기록할 당시 바울은 2차로 투옥되어 죽음을 기다릴 뿐만 아니라 첫 변론 때 바울 편에 서서 도와줬던 사람들 모두 그를 버리고 떠난 상태였습니다. 누가만 남아 있는 상황이었습니다. 그러니 디모데를 얼마나 보고 싶어 했겠습니까. 바울이 디모데와의 해후가 기쁠 것이라고 확신하는 것은 디모데의 거짓 없는 믿음을 기억하기 때문입니다. 바울은 디모데 속에 있는 거짓 없는 그 믿음을 먼저 그의 외조모에게서 봤고, 어머니 유니게에게서 봤다는 것입니다. 있었던 걸 '내가 봤다'는 것입니다. 이것은 그의 속에 있는 믿음을 삼대에 걸쳐서 보니까 확실하다는 것입니다. 이 가정에 그런 믿음이 있더라, 그리스도에 대한 믿음이 있더라는 것입니다.

하나님께서 '문 목사님이 코로나에 걸렸고 폐가 15%밖에 안 남아 죽게 생겼는데 네가 남미까지 갔냐'는 것입니다. 제가 남미 볼리비아에서 목회하시는 문 목사님께 다녀왔습니까? 아닙니다. 계속 전화가 와서 기도해 드렸을 뿐입니다. 하나님께 구하는 기도로 15% 남은 폐로 겨우 살아났는데 또 무슨 일이 있었습니까? 식중독에 걸려서 막 구토를 하려고 화장실을 쫓아가고 밤에 잠을 못 자고 그랬답니다. 그래서 저는 '이거 먹고 기도하면서 이렇게 하세요.' 말씀드렸습니다. 그런데 또 전화가 왔습니다. '목사님, 여기는 코로나 때문에 사람들이 많이 죽습니다. 옆에 사람들 다 죽어 나가요. 또 선교사 한 분이 오늘 죽었는데 그분이 누군지를 알거든요. 그분이 돌아가셨습니다. 그런데 저는 나이가 많다고 오지 말고 멀리 서서 기도를 하랍니다.' 그러면서 문 목사님이 저에게 물었습니다. '그런데 이게 666인가요, 무슨 표인가요? 사람들이 쑥덕거리고 난리인데 목사님은 어떻게 생각합니까?' 그래서 저는 말씀드렸습니다. '목사님 코로나로 죽었다가 살아났죠? 뭘로 나으셨나요? 기도로 나으셨잖아요. 이제는 그러지 말고 생무를 조금 드세요. 우리 이 목사 주사 맞고 크게 부었었는데 생무를 먹고 부기가 가라앉았습니다. 약을 먹어도 소용없었습니다. 그런데 목사님 저를 30년을 알고 지냈는데 저를 얼마만큼 알았나요? 몰랐잖아요.'

그 후에 치유가 되고는 문 목사님이 '아, 진짜 하나님이 함께하시는 구나!' 저에게 말씀하셨습니다. 그리고 문 목사님은 갈수록 강건해졌습니다. 문익배 목사님은 살아났고 교회는 성장을 하고 있습니다.

여러분, 불뱀에게 물린 이스라엘 백성들이 구리 뱀을 쳐다봤을 때 살아났습니다(민 21:4-9). 우리는 기도할 때 십자가를 바라봐야 합니다. 그리스도를 바라보고 십자가를 바라봐야 합니다. 십자가를 바라보면 모든 기도가 이루어지고 흔들림이 없어집니다. 그래서 말씀을 받아야 합니다. 그런데 '이 코로나로 몇 명이 죽었대. 어디서 코로나가 어떻대.' 이걸 바라보니 여러분 살 수 있겠습니까? 살 수 없습니다. 외할머니 로 이스의 믿음, 어머니 유니게의 믿음, 디모데에게도 깃들여 있는 그 거짓 없는 믿음!! 우리도 이 외할머니하고 어머니 같은 그런 신앙관으로 가길 소원합니다.

'이런 이유로 나는 그대를 일깨워서, 그대가, 나의 안수로 말미암아, 그대 속에 간직하고 있는 하나님의 은사에 다시 불을 붙이게 하려고 합니다. 하나님께서는 우리에게 비겁함의 영을 주신 것이 아니라, 능력과 사랑과 절제의 영을 주셨습니다.'(6-7절). 디모데의 거짓 없는 믿음을 확신하여 그를 다시 일깨웁니다.

> **참된 예수의 일꾼은 말씀에 견고히 서서 가르치며 부끄러움이 없는 일꾼으로 살아가는 것입니다.**

그가 안수받을 때 받은 하나님의 은사를 되살리기 위해 하나님께서 우리에게 비겁한 영을 주신 것이 아니라고 딱 잘라 말합니다. 두려워 말라는 것입니다. 능력을 주셨고 사랑과 절제의 영을 주셨으니 하나님의 인정받는 일꾼으로 담대히 나아가라는 것입니다.

본문 말씀입니다. '신도들에게 이것을 일깨우십시오. 하나님 앞에서 그들에게 엄숙히 명해서 말다툼을 하지 못하게 하십시오. 그것은 아무 유익이 없고, 듣는 사람들을 파멸에 이르게 할 뿐입니다.'(딤후 2:14). 우리는 교회에서 헛된 논쟁을 하지 말아야 합니다. 아래에서 말씀드리겠지만 사람들의 믿음을 뒤흔드는 헛된 논쟁은 듣는 사람들에게조차 독이 됩니다. 그래서 말다툼을 하려고 하면 막아야 됩니다. 말다툼은 아무런 유익이 없고 오히려 듣는 사람들까지도 파멸에 이르게 하기 때문입니다. 여러분, 싸울 일은 딱 던져버려야 합니다. 파멸에 이르는 데까지 갈 필요가 없습니다.

'그대는 진리의 말씀을 올바르게 가르치는 부끄러울 것 없는 일꾼으로 하나님께 인정을 받는 사람이 되기를 힘쓰십시오.'(15절). 내가 먼저 부끄러울 것 없는 일꾼, 하나님께 인정받는 일꾼이 되어야 합니다. 또한 그런 일꾼을 키워야 됩니다. 거짓 교사들의 헛된 가르침에 대해 단호히 대처했던 바울은 갈라디아 교회에 말했습니다. '우리가 전에도 말하였지만, 이제 다시 말합니다. 여러분이 이미 받은 것과 다른 복음을 여러분에게 전하는 사람이 있다면, 그가 누구이든지, 저주를 받아야 마땅합니다. 내가 지금 사람들의 마음을 기쁘게 하려 하고 있습니까? 아니면, 하나님의 마음을 기쁘게 해 드리려 하고 있습니까? 아니면, 사람의 환심을 사려고 하고 있습니까? 내가 아직도 사람의 환심을 사려고 하고 있다면, 나는 그리스도의 종이 아닙니다.'(갈 1:9-10). 하나님께 인정받는 사람은 사람한테도 인정받게 되어 있습니다. 하지만 순서가 중요합니다. 먼저는 하나님께 인정받는 사람이 되어야 합니다. 하나님보다 사람에게 먼저 인정을 받으려 했던 사울 왕을 보십시오. 그는 결국 하나님께 버림받았습니다.

우리는 말씀 외에 다른 것은 믿을 필요가 없습니다. 하나님의 말씀이 우리 심령에 떨어지면 '아멘' 하고 순종하면 그걸로 끝납니다. 그런데 말씀 위에 자기를 얹어놓고 자기가 옳다고 해버리면 누가 주인이 됩니까? 주님이 주인이 아니라 내가 주인이 되어 버립니다. 내가 하나님이 되어 버립니다. 아담과 하와 때 최초의 범죄가 왜 일어났습니까? 불순종 때문이었습니다. 그러면 왜 불순종이 일어납니까? 내가 하나님처럼 되려는, '나'가 주인이 되라고 부추기는 사탄의 꾐에 빠졌기 때문입니다. 부끄러울 것 없는 일꾼이 되려면 진리의 말씀을 올바르게 내가 먼저 먹고 가르쳐야 되는 것입니다. 그랬을 때 부끄러울 것 없는 일꾼, 하나님께 인정받는 일꾼이 됩니다. 그리고 하나님께 인정받는 사람은 사람한테도 인정받게 되어 있습니다. 물론 순서가 중요합니다.

'속된 잡담을 피하십시오. 그것이 사람을 더욱더 경건하지 아니함에 빠지게 합니다. 그들의 말은 암처럼 퍼져 나갈 것입니다. 그들 가운데는 후메내오와 빌레도가 있습니다.'(16-17절). 속된 잡담은 14절의 말다툼과 맥을 같이 하는 것으로 당시 에베소 교회에 스며든 거짓 교사들의 거짓 교리 곧 헛된 논쟁을 말합니다. 그러한 교리 곧 속된 잡담은 더더욱 타락하게 만들고 암처럼 퍼져 나갈 것이니 '너는 버려버려라, 피해라, 하지 마라'는 것입니다. 우리는 오직 그리스도만을 바라보고 하나님의 인도하심을 받아야 합니다. 그들 가운데 후메내오와 빌레도가 있다고 하는데 당시 에베소교회에 있던 거짓 교사들입니다. 후메내오 같은 경우는 신앙생활에 파선을 당한 사람이라서 사탄에게 넘겨주었다고 바울이 말한 인물입니다(딤전 1:19-20).

'그들은 진리에서 멀리 떠나버렸고, 부활은 이미 지나갔다고 말하면서, 사람들의 믿음을 뒤엎습니다.'(18절). 그들은 진리에서 멀리 떨어져 이미 진리가 그들 가운데 없더라는 것입니다. 부활은 이미 지나갔다고 말하면서 사람들의 믿음을 뒤흔들어 버린다는 것입니다. 사람을 나뭇가지를 흔들듯이 막 흔들어버립니다. 계속 의심이 가고 흔들리는 것은 반드시 이단입니다. 혼돈을 주게 되어 있습니다. 그러니까 휘말리지 말

> **하나님이 쓰시는 그릇은 깨끗한 그릇입니다. 거룩함과 성결로 우리를 깨끗이해야 쓰임을 받습니다.**

고 아예 피하라, 멀리하라는 것입니다.

'그러나 하나님의 기초는 이미 튼튼히 서 있고, 거기에는 "주님께서는 자기에게 속한 사람을 아신다"는 말씀과 "주님의 이름을 부르는 사람은 다 불의에서 떠나라"는 말씀이 새겨져 있습니다.'(19절). 사람들의 믿음을 뒤엎는 세력이 있어도 이미 하나님의 기초는 든든히 서 있었고 주님께서는 자기에게 속한 사람을 이미 알고 계신다는 것입니다. 그러니 주님의 이름을 부르는 사람은 다 불의에서 떠나라는 것입니다. 왜 그런 잡다한 생각으로 하나님은 온데간데없고, 말씀은 듣지도 않고, 사람들 소리에 흔들리냐는 것입니다. 흔들리지 말라는 것입니다.

'큰 집에는 금그릇과 은그릇만 있는 것이 아니라, 나무그릇과 질그릇도 있어서, 어떤 것은 귀하게 쓰이고, 어떤 것은 천하게 쓰입니다. 그러므로 누구든지 이러한 것들로부터 자신을 깨끗하게 하면, 그는 주인이 온갖 좋은 일에 요긴하게 쓰는 성별된 귀한 그릇이 될 것입니다.'(20-21절). 큰 집에는 귀하게 쓰이는 그릇도 있고 천하게 쓰이는 그릇도 있습니다. 우리 가정에도 그렇잖습니까. 집에 그릇들처럼 교회 안에서도 여러 부류의 사람들이 있는데 각자 달란트대로 쓰임을 받는다는 것입니다. 중요한 것은 자기를 깨끗하게 하는 것입니다. 자기를 돌아보고 회개하고, 기도하고 또 회개하고, 또 기도하며 자기 자신을 내려놓고 '주 예수보다 더 귀한 분은 없다'고 하면 분명히 축복을 받는다는 것입니다. 저희 가정도 많이 어려웠고, 부족하였습니다. 뭔 볼 일이 있었겠습니까? 무슨 자랑할 게 있었겠습니까? 하나님이 오늘날같이 사용해 주신 것은 참으로 오직 그분의 은혜입니다!!

'그대는 젊음의 정욕을 피하고, 깨끗한 마음으로 주님을 찾는 사람들과 함께, 의와 믿음과 사랑과 평화를 좇으십시오.'(22절). 젊음의 정욕을 피하라고 합니다. 정욕 때문에, 정욕을 다스리지 못해서 망한 사람들이 많지 않습니까. 그 정욕을 피하고 깨끗한 마음으로 주님을 찾는 사람들하고 일을 하라는 것입니다. 달리 말씀드리면 깨끗한 마음을 갖지 않은 불의한 사람들은 피하라는 것입니다. 그래서 주님을 찾는 사람들과 함께 하나님의 의를 좇으라는 것입니다. 하나님의 의를 가진 사람은 믿음이 있습니다. 원수까지도 품으려는, 영혼을 사랑하는 마음이 있습니다.

믿음의 사람들은 평화를 따라갑니다. 평화는 언제 오나요? 성령께서 지켜주실 때 옵니다. '걱정하지 마라.' 하고 주님이 지켜주십니다. '걱정하지 마라 예수님이 함께 계실 것이다.' 마음이 평안해집니다. 그런데 구역 돌아다니면서 가정에서도 그렇고 막 큰일 났다고 요동하는 경우를 보십시오. 그들에게 하나님은 어디 계십니까? 예수님은 어디 주무시러 가셨습니까? 하나님은 어디 계시냐는 것입니다. 내 마음에 계시는지 안 계시는지를 돌아봐야 한다는 것입니다. 주님이 내 마음에 계시면 평안하되 머리는 혼란이 올 수가 있습니다. 왜냐하면 그것이 나무 이파리처럼 혼란스럽게 하기 때문입니다. 귀에다 대고 혼란스럽게 합니다. 그러나 마음은 단단해져야 합니다. 혼란이 없어져야 평화가 옵니다. 그래도 마음이 불안하신가요? 사탄은 불안을 주게 되어 있습니다. 어둠에 잠식된 사람은 불안을 줘서 막 흔들어댑니다. 하지만 하나님의 성령은 평안을 줍니다. '걱정하지 마. 잘될 거야.' 그렇게 말씀해 주십니다. 부활하신 주님께서 문 꼭꼭 걸어 잠그고 불안해하는 제자들을 방문하셨을 때 뭐하고 하셨습니까? "너희에게 평화가 있기를!"하셨습니다(요 20:19).

'어리석고 무식한 논쟁을 멀리하십시오. 그대가 아는 대로, 거기에서 싸움이 생깁니다.'(23절). 어리석고 무식한 논쟁은 앞에서도 언급된 '말다툼, 속된 잡담'으로 이단들의 거짓 교리 헛된 논쟁을 의미합니다. 반복되고 있다는 것은 그만큼 강조하는 것입니다. 저도 너무 어이가 없을 때는 '버려버리자. 어이없는 건 버려버리자.' 합니다. 헛된 싸움에 휘말릴 뿐이기 때문입니다.

> 그리스도인은
> 인내와 오래 참음으로
> 열매를 맺게 됩니다.
> 온유한 마음 태도는
> 영혼을 살리고
> 형제를 회개시키고
> 믿지 않는 자들을
> 돌아오게 합니다

'주님의 종은 다투지 말아야 합니다. 그는 모든 사람에게 온유하고, 잘 가르치고, 참을성이 있어야 하고, 반대하는 사람을 온화하게 바로잡아 주어야 합니다. 그렇게 하면, 아마도 하나님께서 그 반대하는 사람들을 회개시키셔서, 진리를 깨닫게 하실 것입니다. 그들은 악마에게 사로잡혀서 악마의 뜻을 좇았지만, 정신을 차려서 그 악마의 올무에서 벗어날 것입니다.'(24-26절). 악령은 타락한 영으로서 우리한테 와서 시험하고 테스트하는데 꼭 하지 말라는 것만 하게 합니다. 하지 말라는 것을 안 하는 사람은 안 하는데 하지 말란 것만 꼭 하는 사람이 있습니다. 그래서 주님의 종은 그런 사람과 다투지 말라는 것입니다.

오히려 반대하는 사람을 온화하게 바로잡아 주어야 한다는 것입니다. 하나님은 우리에게 참을성을 주셨습니다. 하나님은 우리에게 '온유함'을 주셨습니다. 하나님께서는 그 반대하는 사람들을 회개시켜서 진리를 깨닫게 해주실 것입니다. 주님께서 악마에게 사로잡혔던 그들이 정신을 차려서 올무에서 벗어나게 하실 것입니다. 우리는 다만 천하보다 귀한 것이 한 영혼임을 되새겨, 하나님의 선교의 도구와 통로로 사용되기를 바랍니다!!!